家族法改正を読む

親族・相続法改正のポイントとトレンド

松尾 弘

慶應義塾大学出版会

はしがき

　民法改正の波が続いている。一昨年6月の債権法改正の後，昨年6月に成年年齢・婚姻開始年齢に関して民法・親族編（親族法）が，同年7月に遺言・法定相続・遺産分割・配偶者の居住確保を柱として民法・相続編（相続法）が，それぞれ改正された。今年5月には戸籍情報の取得・利用の円滑化と戸籍データ管理システムの改善に向けて戸籍法改正が，同年6月には特別養子の対象範囲を拡大する親族法改正が行われた。その後も，親権者の懲戒権や子の嫡出推定をめぐり，親族法のさらなる改正が検討されている。夫婦の選択的別氏制度の導入を求める議論は続いており，同性婚の許容をめぐる議論も浮上してきた。一方，所有者不明土地問題を契機にして物権法の改正準備も進んでいるが，この問題の主な原因の1つは相続登記が迅速にされないことにあり，その対策は相続登記や遺産分割の促進策に及んでいる。

　こうした法改正の背景には，個人の自己決定の尊重と自由の拡大，男女平等の推進，相続財産をめぐる共同相続人間の公平の確保，同じく被相続人の債権者および相続人の債権者の期待の法的保護，準婚姻家族などの新たな家族コミュニティの形成，法律婚配偶者の一方が死亡した場合の他方の生活の確保など，制度変更を求める社会の多様なトレンドが存在する。その背後には，国内の少子化・人口減少・高齢化の進行が，さらにその背後には，グローバル化の進行が存在する。こうしたトレンドが交錯する中で，日本社会における家族の制度は，今何を目指し，今後どのように変化してゆくのであろうか。

　本書の目的は，昨年から今年にかけての親族法・相続法に関連する主な法改正のポイントをごく簡潔にフォローすることを通じて，その全体像を把握し，家族法のトレンドを理解することにある。そのことは，明治維新から150年を経て，市民社会の基本法として徐々に構築されてきた日本の民法の現在の姿を理解するためにも不可欠である。

はしがき

　その意味で，本書が前著『民法改正を読む』（慶應義塾大学出版会，2012 年）および『債権法改正を読む』（同，2017 年）の続編として読まれることがあれば，誠に幸いである。

　本書の刊行は，岡田智武さん（慶應義塾大学出版会）のたゆみないご高配の賜物にほかならない。記してお礼を申し上げる次第である。また，イラストを提供してくれた TOMY さんにも心から感謝したい。本書の内容が家族法に関わるだけに，少しでも読者に近づきやすいものになればという願いは，お二人のご支援により，本書に登場するキャラクターとなって表われている。彼らが演じる小さなドラマを通じて，家族法改正のポイントとトレンドを少しでも身近なものとして感じ取っていただくことができるならば，誠に幸いである。

2019 年 8 月 11 日
ラオスの古都ルアンパバーンにて

松尾　弘

目次

はしがき　i

図表一覧　v／凡例　vi

法令，審議会答申・報告書・資料等略称／参考文献　vii

I　家族法の改正動向 ………………………………………………… 1

1　近時の家族法改正　3
⑴　親族法に関する改正　3
⑵　相続法に関する改正　3

2　家族法改正の背景と動向　7

II　親族法の改正 …………………………………………………… 11

1　親族法改正論の推移　13

2　成年年齢　15
⑴　成年年齢の引下げ　15
⑵　関連改正　20
⑶　20歳規制の存続領域　21

3　婚姻開始年齢　24
⑴　女性の婚姻開始年齢の引上げ・男女間での統一化　24
⑵　関連改正　25

4　特別養子の対象年齢の拡大など　27
⑴　改正に至る経緯　27
⑵　令和元年6月改正法の内容　30
⑶　新しい家族コミュニティの創出　34

5　戸籍情報の取得・利用の円滑化　36
⑴　戸籍法制の見直しに向けた動き　36
⑵　戸籍の謄抄本の取得の簡易化　36
⑶　マイナンバー制度を利用した戸籍の謄抄本の提出の省略　37

iii

目次

　　(4)　戸籍データ管理システムの改善　37

III　相続法の改正······39

　1　相続法改正論の推移と概要　41

　2　遺言制度に関する改正　43
　　(1)　遺言書の作成促進のための制度改革　43
　　(2)　遺贈義務者の担保責任　47
　　(3)　遺言執行者の権利・義務の明確化　49
　　(4)　遺留分減殺請求権から遺留分侵害額請求権へ　56

　3　法定相続の効果に関する改正　69
　　(1)　対抗要件主義の適用範囲の拡大　69
　　(2)　法定相続分に従った債務の承継に対する債権者の期待の保護　80
　　(3)　法定相続による権利・義務の移転に関する改正民法の特色　84

　4　遺産分割に関する改正　87
　　(1)　遺産分割に関する改正内容　87
　　(2)　預貯金債権の行使による預貯金払戻し制度の創設　87
　　(3)　遺産分割前の財産処分の効果　94
　　(4)　遺産の一部分割　96
　　(5)　特別寄与者の制度の創設　99
　　(6)　夫婦間贈与などにおける特別受益の持戻し免除の意思表示の推定　105

　5　配偶者の安定居住を確保する制度の創設　109
　　(1)　配偶者の安定居住の確保の必要性と配偶者の居住権　109
　　(2)　配偶者居住権の制度の創設　111
　　(3)　配偶者短期居住権の制度の創設　120
　　(4)　居住権の保護のあり方　129

IV　家族法の改正はどこに向かっているか·········131

　1　親族法分野の動向　133
　　(1)　小括　133
　　(2)　新たな改正動向　134

　2　相続法分野の動向　136

⑴　小括　136

⑵　新たな改正動向　137

3　将来の家族法改正の課題　139

⑴　夫婦の氏について　139

⑵　同性婚について　140

4　家族法における個人主義の実現　142

事項索引／改正条文索引　145

図表一覧

I-1　平成30（2018）年・令和元（2019）年の家族法改正　4

I-2　改正法の施行日　6

I-3　家族法（親族法・相続法）の改正経緯　8

II-1　年齢制限の諸態様　18

II-2　成年年齢・婚姻開始年齢と養親年齢　22

II-3　重国籍の者が国籍を選択すべき時期　23

II-4　普通養子縁組・特別養子縁組の推移　28

III-1　遺言執行者の権利・義務　55

III-2　遺留分侵害額の算定　59

III-3　遺留分侵害額請求権【例1】　64

III-4　遺留分侵害額請求権【例2】　67

III-5　法定相続による法定相続分についての権利取得と対抗要件　71

III-6　遺贈による権利取得と対抗要件　73

III-7　遺産分割による権利取得と対抗要件　73

III-8　相続分の指定による権利取得と対抗要件　75

III-9　特定財産承継遺言による権利取得と対抗要件　76

III-10　相続分の指定がある場合における相続債権者の権利行使　82

III-11　相続による権利取得と対抗要件　85

III-12　遺産に属する預貯金債権と遺産分割に関する判例　88

III-13　遺産分割前における預貯金債権の単独行使　90

III-14　法定相続情報証明制度　91

III-15　特別寄与料　101

III-16　配偶者居住権　114

III-17　居住権論　130

目次

【凡例】

○ 条文番号の直後に付された＊印は，当該箇条が改正条文であることを意味する。

○ 文章の（　）内における条文番号の表記は，条・項・号を省略し，1，2…は条，①，②…は項，[1]，[2]…は号，「本」は本文，「但」はただし書，「柱」は柱書を意味する。例えば，
　　（民法817の10①[2]）　：（民法817条の10第1項第2号）
　　（民法1028①柱本）　　：（民法1028条1項柱書本文）
　　（民法1037①柱但）　　：（民法1037条1項柱書ただし書）

○ 引用条文中のアンダーラインは，改正部分を指す。

○ 本書に登場するキャラクターが演じる役割は，多くの場合，A・Bが夫婦，Cがその子であり，その家族外の関係者をD，E，F，Pらが演じることが多いものの，必ずしも固定的ではなく，B，Dが，Cとともに，Aの子の役を演じることもある。善意者・悪意者のキャラクターはC・Dらと代替する。

イラスト©TOMY

【法令，審議会答申・報告書・資料等略称】

遺言書保管法　法務局における遺言書の保管等に関する法律（平成 30 年 7 月 6 日成立，7 月 13 日公布・法律 73 号）

家手法　家事事件手続法

戸籍法改正法　戸籍法の一部を改正する法律（令和元年 5 月 24 日成立，5 月 31 日公布・法律 17 号）

最終報告書　「民法の成年年齢の引下げについての最終報告書（第 2 次報告書）」（平成 21 年法制審議会民法成年年齢部会）

平成 8 年要綱　「民法の一部を改正する法律案要綱」（平成 8 年 2 月 26 日法制審議会総会）

平成 30 年 6 月改正民法　民法の一部を改正する法律（平成 30 年 6 月 13 日成立，6 月 20 日公布・法律 59 号）

平成 30 年 7 月改正（民）法　民法及び家事事件手続法の一部を改正する法律（平成 30 年 7 月 6 日成立，7 月 13 日公布・法律 72 号）

令和元年改正法　民法等の一部を改正する法律（令和元年 6 月 7 日成立，6 月 14 日公布・法律 34 号）

法制審（戸籍）部資　法制審議会戸籍法部会　部会資料

法制審（特養）部資　法制審議会特別養子制度部会　部会資料

法制審（成年）部資　法制審議会民法成年年齢部会　部会資料

法制審（親子）部資　法制審議会民法（親子法制）部会　部会資料

法制審（相続）部資　法制審議会民法（相続関係）部会　部会資料

法制審（民不）部資　法制審議会民法・不動産登記法部会　部会資料

【参考文献】

イェーリング／村上淳一訳（1982）『権利のための闘争』（岩波書店）

石田剛（2018）「『相続登記の欠缺を主張する正当の利益』に関する覚書」『加藤雅信先生古稀記念　21 世紀民事法学の挑戦（上）』（信山社）485-511 頁

浦野由紀子（2019）「配偶者相続権」民商法雑誌 155 巻 1 号 54-69 頁

大村敦志（2010）『家族法（第 3 版）』（有斐閣）

梶村太市「民法（家族法）改正をめぐって――家族法はどこへ行くのか？」書斎の窓 605 号（2011）23-27 頁

金子敬明（2019）「相続による権利・義務の承継と第三者」民商法雑誌 155 巻 2 号 262-289 頁

窪田充見（2019 a，2019 b）「相続法改正（上）・（下）」法学教室 460 号 59-66 頁，461 号 65-73 頁

――（2019 c）「相続人・家族の寄与」民商法雑誌 155 巻 1 号 70-87 頁

蔡秀卿（2017）「台湾でアジア初の同性婚の法的保障へ」法学セミナー 753 号 1-5 頁

――（2019）「台湾でアジア初の同性愛者婚姻法の制定」法学セミナー 775 号 1-6 頁

笹井朋昭＝木村太郎編著（2019）『一問一答　成年年齢引下げ』（商事法務）

潮見佳男（2018）『詳解　相続法』（弘文堂）

――（2019）「相続法改正による相続制度の変容」民商法雑誌 155 巻 1 号 1-28 頁

潮見佳男ほか（2018）「〔座談会〕改正相続法の金融実務への影響」金融法務事情 2100 号 6-29
　　頁
潮見佳男ほか編著（2019）『Before/After 相続法改正』（弘文堂）
七戸克彦（2019）「相続と登記」法政研究 85 巻 3 = 4 号 935-937 頁
水津太郎（2019）「相続と登記——相続による不動産物権の承継の対抗要件」ジュリスト 1532
　　号 48-54 頁
高橋朋子（2019）「配偶者居住権の創設」民商法雑誌 155 巻 1 号 29-53 頁
田髙寛貴（2018）「遺言による権利取得における登記の要否」法学研究 91 巻 2 号 27-62 頁
谷口知平＝久貴忠彦編（1989）『新版　注釈民法 (27)』（有斐閣）
円谷峻編著（2010）『社会の変容と民法典』（成文堂）
道垣内弘人（2019）『リーガルベイシス民法（第 3 版）』（日本経済新聞出版社）
道垣内弘人＝沖野眞已＝堂薗幹一郎（2018）「〔対談〕相続法の改正をめぐって」ジュリスト
　　1526 号 14-35 頁
堂薗幹一郎＝野口宜大編著（2019）『一問一答　新しい相続法』（商事法務）
中田裕康編（2010）『家族法改正——婚姻・親子関係を中心に』（有斐閣）
二宮周平（2002）「家族の個人主義化と法理論——家族法理論の再検討」法律時報 74 巻 9 号
　　（2002）26-32 頁
──（2019）『家族法（第 5 版）』（新世社）
ジグムント・バウマン／奥井智之訳（2017）『コミュニティ——安全と自由の戦場』（筑摩書房）
松尾弘（2012）『開発法学の基礎理論——良い統治のための法律学』（勁草書房）
本山敦編（2019）『平成 30 年相続法改正の分析と展望』（金融商事判例 1561 号〔増刊〕）
吉田克己（2018）「相続法の現代的課題」民商法雑誌 154 巻 5 号 897-920 頁
良永和隆（2017）「遺言による不動産取得と第三者対抗要件」専修法学論集 130 号 299-322 頁
吉永一行（2019）「遺言執行者の地位と権限に関する 2018 年相続法改正——判例法理との関
　　係および立法論・解釈論上の課題」民商法雑誌 155 巻 1 号 88-108 頁
米倉裕樹『条文から読み解く民法〔相続法制〕——改正点と実務への影響』（清文社，2018）

I 家族法の改正動向

まずは最近の家族法の改正動向をつかんでおこう。親族法から相続法まで,広い範囲に及んでいるよ。

1　近時の家族法改正

(1)　親族法に関する改正

　平成 30（2018）年 6 月から令和元（2019）年 6 月にかけて，民法の親族編および相続編に関わる改正が相次いで行われた（図表 1-1）。

　親族法に関しては，図表 1-1 ①民法の一部を改正する法律（平成 30 年 6 月 20 日法律 59 号）により，**成年年齢の引下げ**（満 18 歳）および**女性の婚姻開始年齢の引上げ・男性との統一化**（満 18 歳）が行われた。成年年齢に関しては，選挙年齢を満 18 歳とする改正が先行し，それとの関係が議論されてきた（後述 II 1）。これは結果的に，国際的潮流と合致する方向への改正でもある（図表 II-3 参照）。

　また，図表 1-1 ⑤民法等の一部を改正する法律（令和元年 6 月 14 日法律 34 号）により，特別養子縁組（法律上，養子と養親との嫡出の親子関係を発生させる一方で，養子と実親との血族関係を消滅させる養子縁組）について，養子となる者の下限年齢が大幅に引き上げられ，**特別養子の対象範囲が拡大**されるとともに，**特別養子縁組の審判手続の合理化**が図られた。これらは特別養子縁組の制度の利用を促進するための法改正とみることができる。

　さらに，図表 1-1 ④戸籍法の一部を改正する法律（令和元年 5 月 31 日法律 17 号）は，戸籍の謄本・抄本の取得手続を簡易化すべく，全国どの市町村でも取得可能にするものとし，その施行に向けた準備が始まった。

(2)　相続法に関する改正

　相続法に関しては，図表 1-1 ②民法及び家事事件手続法の一部を改正する法律（平成 30 年 7 月 13 日法律 72 号）により，比較的大きな改正が行われた。

I　家族法の改正動向

図表 I -1　平成 30（2018）年・令和元（2019）年の家族法改正

	改正法	主な改正内容
①	民法の一部を改正する法律 （平成 30 年 6 月 13 日成立，6 月 20 日公布・法律 59 号）	成年年齢・婚姻開始年齢
②	民法及び家事事件手続法の一部を改正する法律 （平成 30 年 7 月 6 日成立，7 月 13 日公布・法律 72 号）	相続関係
③	法務局における遺言書の保管等に関する法律 （平成 30 年 7 月 6 日成立，7 月 13 日公布・法律 73 号）	自筆証書遺言書の保管関係
④	戸籍法の一部を改正する法律 （令和元年 5 月 24 日成立，5 月 31 日公布・法律 17 号）	戸籍謄・抄本の請求など
⑤	民法等の一部を改正する法律 （令和元年 6 月 7 日成立，6 月 14 日公布・法律 34 号）	特別養子の対象年齢拡大など

出典：筆者作成。

　i　**自筆証書遺言の方式が緩和**され，遺言の活用を促進する方向への改正が行われた。これと関連して，図表 I － 1 ③法務局における遺言書の保管等に関する法律（平成 30 年 7 月 13 日法律 73 号）は，**自筆証書遺言を法務局で保管**する制度も創設した。また，被相続人による贈与，遺贈などの処分が遺留分（被相続人の財産のうち，兄弟姉妹以外の相続人である配偶者，子，直系尊属のために優先的に留保された部分）を侵害する場合に，処分の効力を否定して財産を取り戻す遺留分減殺請求権の制度を改め，処分の効力は維持しつつ，**遺留分侵害額請求権**という金銭の支払請求権（債権）に変更した。さらに，遺言執行者の法的地位や権利・義務を明確化し，遺言の内容を的確に実現するための改正も行われた。これらの改正は，遺言者の意思を尊重して意思主義を強化し，遺言の効力を保護して遺言の利用を促進する方向への民法改正として，注目される。

　ii　他方で，「相続人に相続させる」遺言，遺産分割方法を指定する遺言および相続分を指定する遺言による相続人への財産権の移転のうち，**法定相続分を超える部分は，不動産の登記などの対抗要件を具備しなければ**

第三者に対抗することができないこととされた。これは，それらの遺言による相続人への権利移転は，登記などの対抗要件を具備しなくとも対抗できるとしていた判例を変更するものであり，法定相続分を基礎としつつ，それを超える部分については対抗要件主義の拡大ともいえる方向への改正である。もっとも，これは前述した遺言者の意思を尊重する意思主義の強化と矛盾するものではなく，相続による権利移転に際しての登記などの対抗要件具備の促進という政策目的との調整の帰結であり，遺言制度をより安定的なものとし，意思主義を活かすための改正であると解される。

ⅲ　ついで，遺産分割に関連する改正として，各共同相続人による遺産分割前の**預貯金債権の単独行使を一定限度で許容する制度**の創設，**特別寄与者の制度**の創設などが行われたことも重要である。これらは，共同相続人をはじめとする関係者の間で，より柔軟かつ公平な遺産分割を促すための法改正といえる。

ⅳ　さらに，配偶者の居住の安定を確保するために，**配偶者居住権**および**配偶者短期居住権**の制度も導入された。

これら近時の改正法の施行期日は，図表1-2に掲げたとおりである。成年年齢・婚姻開始年齢に関する平成30年6月改正法の施行期日は，令和4（2022）年4月1日である。他方，相続法に関する平成30年7月改正法（法律72号）の施行期日は，改正事項によって異なる点に注意する必要がある。

Ⅰ　家族法の改正動向

図表Ⅰ-2　改正法の施行日

改正法内容	施行日
① ・自筆証書遺言の方式を緩和する方策等 （平成 30 年法律 72 号・73 号）	平成 31（2019）年 1 月 13 日
② ・遺留分制度の見直し，相続の効力等に関する見直し， 　遺産分割前の預貯金の払戻し，特別寄与者への分与等 （平成 30 年法律 72 号）	令和元（2019）年 7 月 1 日
③ ・配偶者居住権・配偶者短期居住権（平成 30 年法律 72 号） ・平成 29 年改正民法（債権法改正）の施行に伴い規定を 　整備するもの（民法 998，1000〔削除〕1025） （平成 30 年法律 72 号）	令和 2（2020）年 4 月 1 日
④ ・法務局における自筆証書遺言の保管 （平成 30 年法律 73 号）	令和 2（2020）年 7 月 10 日
⑤ ・成年年齢，婚姻開始年齢等（平成 30 年法律 59 号）	令和 4（2022）年 4 月 1 日
⑥ ・特別養子縁組の対象年齢の拡大等（令和元年法律 34 号）	公布日〔令和元年 6 月 14 日〕から 1 年以内の政令で定める日
⑦ ・戸籍の謄・抄本の取得の簡易化等（令和元年法律 17 号）	公布日〔令和元年 5 月 31 日〕から 5 年以内の政令で定める日

出典：平成 30 年法律 59 号附則 1 条本文，平成 30 年法律 72 号附則 1 条 2 号 3 号・4 号，
　　　平成 30 年法律 73 号附則，令和元年法律 34 号附則 1 条，令和元年法律 17 号附則。

2　家族法改正の背景と動向

　日本政府が近代化政策を実施するために，明治期の法改革に乗り出して以降，日本の家族法は，家制度の形成，変容，解体，新たな家族制度の構築へと，大きな変容を経てきた（図表Ⅰ-3）。近時の家族法改正も，そうした新たな家族制度の構築へと進みつつある長い法改正のプロセスの一環をなすものである。

　とりわけ，近時の家族法改正の背景として，少子化，高齢化，人口減少，人々の生活スタイルの多様化，家族意識の変化など，家族法を取り巻く社会環境の変化を看過することができない。社会環境の変化による人々の意識や価値観の変化は，まずは各人に最も身近な法領域である家族法に如実に反映するであろう。その結果，社会の変容と家族法の変化の間には，非常に緊密な影響関係が生じることになる。とりわけ注目されるのは，人々の生活スタイルおよび意識における**個人の自由の進展**の家族法への影響である。

　例えば，すでに平成 23（2011）年には，家族に関する事件の解決につき，従来の非訟事件手続法および家事審判法に代わり，新たに非訟事件手続法および家事事件手続法が制定され，両法の施行に伴う関係法律の整備等に関する法律が定められた（平成 23 年 5 月 25 日法律 51 号・52 号・53 号）。これらは，家庭裁判所が扱う紛争性のある審判事件に関し，事実の調査や証拠調べにおいて，関係当事者の手続参加と審問請求権の保障措置を設け，職権探知主義と並んで当事者に手続協力義務を課すなど，当事者主義の色彩を強め，非訟事件の訴訟事件化を進める傾向を示した。

　ついで，民法等の一部を改正する法律（平成 23 年 6 月 3 日法律 61 号）は，児童虐待の防止等を図り，児童の権利・利益を擁護すべく，子を懲戒場に入れる場合について定めた規定（改正前民法 822 ②）を削除するなど，親権の内容を改正した。また，従来の親権喪失の制度に加え，親権停止の制度

I 家族法の改正動向

図表I-3 家族法（親族法・相続法）の改正経緯

改正内容等	改正法律番号
旧民法人事編・財産取得編（第13章相続，第14章贈与及ヒ遺贈，第15章夫婦財産契約）	明治23年法律98号
民法第4編親族・第5編相続	明治31年法律9号
胎児の代襲相続資格の承認など	昭和17年法律7号
民法第4編親族・第5編相続 全面改正	昭和22年法律222号
代襲相続制度の見直し，相続の限定承認・放棄の見直し，特別縁故者への財産分与制度の創設	昭和37年法律40号
離婚の際の婚氏続称制度	昭和51年法律66号
配偶者の法定相続分の引上げ，寄与分制度の創設など	昭和55年法律51号
特別養子縁組制度の創設	昭和62年法律101号
成年後見制度の創設	平成11年法律149号
非訟事件手続・家事事件手続の改正	平成23年法律51号・52号
子を懲戒場に入れる場合に関する規定の削除，親権停止制度，離婚した父または母と子との面会交流など	平成23年法律61号
非嫡出子相続分2分の1規定の削除	平成25年法律94号
女性の再婚禁止期間の短縮化など	平成28年法律71号
成年年齢・婚姻開始年齢の改正など	平成30年法律59号
配偶者居住権制度の創設，遺産分割等の見直し，遺言制度の見直し，遺留分制度の見直し，相続の効力等の見直し，相続人以外の者の貢献を考慮する制度の創設など	平成30年法律72号
法務局における自筆証書遺言の保管など	平成30年法律73号
戸籍の謄抄本の請求手続の簡易化など	令和元年法律17号
特別養子の対象年齢の拡大，養子縁組手続の合理化など	令和元年法律34号

出典：筆者作成。

も新設した（民法834の2）。さらに，未成年後見についても，法人または複数の未成年後見人を選任できるものとし（民法840，842〔削除〕，857，857の2），加えて，里親委託中および一時保護中の児童に親権者または未成年

後見人がいない児童の親権は，児童相談所長が行うものとした[1]。なお，離婚後に親権・監護権をもたない親の子に対する面会・交流は，改正前民法の下でも「子の監護について必要な事項」（民法766①）の解釈として決定されていたが，この平成23年民法改正により「父又は母と子との面会及びその他の交流，子の監護に要する費用の分担その他の子の監護について必要な事項」（民法766①）と明文化された[2]。

　こうした家族法改正の動きの背景には，一方では，未成年者の権利・利益のよりきめ細かな擁護にみられるように，元来合理的な判断では割り切れない，感情的な実質をもつ家庭に関する事件の多様性に富んだ内実に配慮した手続を充実したものとする配慮がみられる。また，児童の権利に関する条約[3]が求める児童（18歳未満の者）の権利（適切に養育されること，その生活を保障されること，愛され，保護されること，その心身の健やかな成長・発達とその自立が図られることなど，福祉を等しく保障される権利）を具体化する動きも看過できない。

　しかしまた，他方で，非訟事件手続における当事者主義の拡大，未成年後見人の数・資格に関する規制緩和（法人でも可能，複数も許容）などに見出されるように，一種の市場ルールの導入も進んでいる。これらは，従来から最も保守的で，各々の社会に固有の伝統的ルールが形成されてきた家族法の領域にも，国際標準化の潮流が押し寄せてきていることを示すものでもある。

　このような傾向に対しては，これを新自由主義的な市場原理主義の推進とみて，ポスト・モダンないしポスト構造主義あるいは日本の法文化の尊重という立場から，家族に関する事件の非訟事件としての特質を重視し，訴訟・非訟二元論の廃棄の傾向や家事事件の訴訟化に対して，危惧を示す

1　児童福祉法33条，33条の2，33条の7，47条ほか。
2　これは，平成8年要綱・第6においてすでに提案されていた。
3　児童の権利に関する条約は，第44回国連総会（1989年）で採択され，1990年に発効した。日本は平成6（1994）年に批准した。

見解もある[4]。

これらの動きの中で，近時の親族法・相続法の改正を見ると，一方では，成年年齢を引き下げ，若年者が親権を離脱して自ら契約するなどの自己決定の機会を増大し，また，各人による遺言の利用を通じた財産処分を促進するなど，個人の意思によって法律関係を形成する場面を広げる傾向が見出される。しかしまた，他方では，特別養子縁組制度の利用促進など，新しい家族コミュニティの創出を支援する動きも注目される。そして，配偶者の居住の安定確保の制度化などは，そうした諸潮流の調整に位置づけられるかも知れない。

このように家族に関する法改正においては，個人の自由の色彩を強める潮流と，家族コミュニティの新しいスタイルの形成を促す潮流とが交錯し合う中で，時にはその調整が図られている。人間にとって，個人の自由の尊重も，安定したコミュニティの維持も，どちらも必要である。はたして，それらの両立は，容易には果たされない永遠の課題なのであろうか。近時の家族法改正は，親族法・相続法の制度変化を促すこうした様々な潮流の交錯状況を踏まえてみることにより，その意味をよりよく理解することができるであろう。

4　梶村 2011: 27 頁。

II　親族法の改正

18歳で成年になるってどういうこと？ 何ができるようになるの？ 結婚や親子についても何か変わったの？

1　親族法改正論の推移

　親族法の改正をめぐっては，婚姻開始年齢などにおける男女間の平等化を軸に議論が積み重ねられてきた。すでに法制審議会が決定した**平成8年要綱**は，家族法改正に関する重要な改正案を提示した[5]。それはその後次第に立法化され，改正論議において参照すべき足場を提供してきた。

　まず，①婚姻開始年齢を男女とも18歳とし[6]，②女性の再婚禁止期間を前婚の解消または取消しの日から起算して100日後に短縮する。また，③女性が前婚の解消または取消しの日以後に出産したときは再婚禁止期間の規定は適用しない。そして，④再婚禁止期間違反を理由とする婚姻の取消しは，前婚の解消若しくは取消しの日から100日を経過し，または再婚後に懐胎したときは，請求できない[7]。

　⑤夫婦は婚姻の際に定めるところに従い，夫若しくは妻の氏を称し，または各自の婚姻前の氏を称する（選択的夫婦別氏制）。夫婦が各自の婚姻前の氏を称する旨の定めをするときは，婚姻の際に，夫または妻の氏を子が称する氏として定めなければならない[8]。

　さらに，⑥夫婦間でした契約は，婚姻中はいつでも夫婦の一方が取り消すことができる（ただし，第三者の権利を害することはできない）との規定（民法754）を削除する。

　これらは，婚姻の成立および効力における実質的な男女平等化，個人主義化を促進する方向への改正提案とみることができる。これらのうち，①は平成30年法律59号により（民法731 *），②〜④は平成28年法律71号により（民法733 *，746 *）により，それぞれ立法化された。

5　平成8年2月26日法制審議会総会決定「民法の一部を改正する法律案要綱」。以下，**平成8年要綱**と略称。しかし，これは「法案」として国会提出に至らなかった。
6　平成8年要綱・第1.1。平成30年改正民法731条。
7　平成8年要綱・第1.2，第2。平成28年改正民法733条，746条。
8　平成8年要綱・第3。なお，子の氏およびその変更につき，同・第4も参照。

以上のほか，**平成 8 年要綱**は，離婚および失踪宣告による婚姻の死亡解消について，⑦協議離婚において子の監護者，父または母と子の面会・交流，子の監護費用の分担など，監護について必要な事項を定めること (第6.1)，⑧離婚後の財産分与について，当事者間に協議が調わない場合，当事者の寄与の程度は，その異なることが明らかでないときは，相等しいものと推定すること (第6.2.3)，⑨裁判上の離婚について，5 年以上継続して婚姻に反する別居をしているとき，婚姻関係が破綻して回復の見込みがないときも，離婚原因に加えるべきこと (第7)，⑩失踪宣告について，夫婦の一方が失踪宣告を受けた後，他の一方が再婚したときは，その後に失踪宣告が取り消されても，失踪宣告による前婚解消の効果に影響を及ぼさないこと (第8)，その場合，親権は他の一方がこれを行うこと (第9) を提案した。これらのうち，⑦は平成 23 年法律 61 号によって立法化された (民法 766 ① ＊。前述第 I 章 2 参照)。

ちなみに，**平成 8 年要綱**は，相続の効力についても，嫡出でない子の相続分は嫡出である子の相続分と同等とすることも提案していた。これも，判例変更を経て，平成 25 年法律 94 号によって立法化された (民法 900 [4] ＊)。

一方，成年年齢の引下げについては，日本国憲法の改正手続に関する法律 (平成 19 年法律 51 号) が国民投票の投票権者の範囲を満 18 歳以上と定めたことを契機に議論が始まり，公職選挙法改正 (平成 27 年法律 43 号) によって選挙権者が満 18 歳以上の者とされたことを受けて，改正が行われた。

2　成年年齢

(1)　成年年齢の引下げ

i　満 18 歳＝成年への制度改正の道のり

平成 30 年 6 月改正民法により，成年年齢が**満 18 歳**に引き下げられた（民法 4 ＊）。この法改正の契機となったのは，**日本国憲法の改正手続に関する法律**（平成 19 年 5 月 18 日法律 51 号。以下，憲法改正手続法）の制定である。同法 3 条は，国民投票の投票権者の範囲を満 18 歳以上と定め，同法附則 3 条 1 項は，満 18 歳以上 20 歳未満の者も国政選挙に参加することができること等となるよう，公職選挙法，民法等について検討を加え，必要な法制上の措置を講じるものとすることを定めた。

これを受け，内閣は年齢条項の見直しに関する検討委員会を設け，法務大臣は「若年者の精神的成熟度及び若年者の保護の在り方の観点から，民法の定める成年年齢を引き下げるべきか否か等について」，法制審議会に諮問した（諮問第 84 号）。法制審議会は第 155 回会議（平成 20〔2008〕年 2 月 13 日）で民法成年年齢部会を設置して調査審議を開始し，民法の成年年齢を引き下げた場合に具体的にどのような問題点があるかなどの検討を行った。また，民法の成年年齢の引下げを国民がどのように考えているかを把握すべく，意見聴取も行われた。

法制審議会民法成年年齢部会は，第 15 回会議（平成 21〔2009〕年 7 月 29 日）に**最終報告書**（第 2 次案）を取りまとめた[9]。最終報告書は，公職選挙法上の選挙年齢は民法の成年年齢よりも低く定めることが可能で，両者は必ずしも一致する必要がないという見方がある一方で，特段の弊害がない限り，両者は一致していることが望ましいという見方も示している[10]。成

9　法制審議会民法成年年齢部会「民法の成年年齢の引下げについての最終報告書（第 2 次案）」（平成 21 年 7 月 29 日。以下，**最終報告書**と略称）。

年年齢の引き下げは，若年者が将来の国づくりの中心であることについて，国としての強い決意を示すものである。もっとも，社会への参加時期を早めることによる問題点（消費者被害の拡大など）や対象者が抱くであろう不安について，懸念も示された[11]。しかし，最終的には，公職選挙法による選挙権年齢が満18歳に引き下げられるのであれば，18歳・19歳の者が政治に参加しているという意識を責任感をもって実感できるようにするためには，私法の領域においても，自己の判断と責任において自立した活動をすることができるよう，特段の弊害がない限り，民法の成年年齢を18歳に引き下げるのが適当であると結論づけた[12]。これは，私法の領域における自律した自己決定に基づく活動が，公法の領域における責任ある判断形成に通じるとみたものと解することができる[13]。

　もっとも，法制審議会の総会（平成21年9月）では，直ちに法改正を行うべき旨の取りまとめをするには至らず，臨時総会（同年10月）で「民法の成年年齢の引下げについての意見」として採択され，最終報告を添付して法務大臣に答申された。

　その後，選挙年齢については，平成27（2015）年6月19日公布の**公職選挙法改正**（法律43号）により，「日本国民で年齢満18年以上の者」は衆議院議員および参議院議員の選挙権をもち（公職選挙法9①），地方公共団体の議会議員および長の選挙については「日本国民たる年齢満18年以上の者で引き続き3箇月以上市町村の区域内に住所を有する者」が選挙権をもつ」（公職選挙法9②）と改正された[14]。それは，平成28（2016）年6月

10　最終報告書5頁。選挙年齢を引き下げて成年年齢と一致させるメリットとしては，①政治への参加意欲を高める，②選挙年齢と成人年齢が一致している方が法制度としてシンプルであり，大多数の国でも一致している（187か国中134か国）などが挙げられた。

11　最終報告書7-8頁。成年年齢を18歳以下としている国は，成年年齢のデータがある187か国中141か国であった（最終報告書10頁）。

12　最終報告書12頁。

13　イェーリング／村上訳1982: 105-107頁参照。

14　同法は民法等の法令にも検討を加え，必要な措置を講じることも定めた（附則11条）。そのことは，憲法改正手続法の一部改正法（平成26年6月20日法律75号）でも定められていた（附則3条）。

19 日施行，6 月 22 日適用された[15]。

　これを踏まえ，平成 28（2016）年 9 月，民法の成年年齢の引下げの施行方法に関するパブリックコメントを実施し，また，成年年齢の引下げに伴う問題点への様々な取組み等も考慮に入れて[16]，平成 30（2018）年 3 月 13 日，改正法案が第 196 回国会（常会）に提出され，同年 6 月 13 日，民法の一部を改正する法律が成立した（6 月 20 日公布・法律 59 号）。

ii　成年年齢を満 18 歳とすることの実質的・具体的意味

　自然人の成年年齢（民法 4 ＊）を定めることの法的効果は，「成人した」＝「大人になった」という抽象的な感覚をもつことのできる年齢を決めるだけではない。成年年齢は，法律が「未成年」者に課している制限や保護，「成年」者に与えている権限や義務など，成年か未成年かで法的取扱いを異にする様々な規制の適用の有無を決定する。むしろ，成年になったことの実感は，そうした規制の具体的適用を通じて形成されるものといえよう。

　成年年齢と連動させるべきかどうか，具体的な検討対象となるものは，①単独で有効な契約を締結することができる年齢（契約年齢。民法 5），②親権に服しないことになる年齢（親権離脱年齢。民法 818），③養子をとることができる年齢（養親年齢。民法 792 ＊），④飲酒・喫煙等ができる年齢（改正前未成年者飲酒禁止法，同未成年者喫煙禁止法。法律名が改正された。Ⅱ(3) ii 参照）など，きわめて多岐にわたる（図表Ⅱ－1 参照）。

　このうち，平成 30 年 6 月改正民法は，成年年齢を満 18 歳とすることにより（民法 4 ＊），①契約年齢および②親権離脱年齢を実質的に満 18 歳に変更した（民法 5，6，821，823 等）。その結果，例えば，同法施行後は，

15　2016 年 6 月 22 日公示，7 月 10 日投開票が行われた第 24 回参議院議員通常選挙。

16　例えば，学習指導要領の改訂（平成 20 年，21 年）による小・中・高等学校における消費者教育，金融経済教育，法教育が実施されてきた。なお，成年年齢引下げを見据えた環境整備に関する関係府省庁連絡会議（平成 30 年 4 月 16 日第 1 回）は，平成 30 年 6 月改正民法の施行日（令和 4 年 4 月 1 日）までに，成年年齢の引下げの環境整備に向けた施策が十分な効果を発揮するよう，進捗管理を企図している。笹井＝木村編著 2019: 43-44 頁参照。

Ⅱ　親族法の改正

図表Ⅱ-1　年齢制限の諸態様

年齢	年齢制限事項	実質変更（有○／無―）
18歳	選挙権	○
	成年年齢（有効な契約の締結，親権の離脱，職業・営業・居所の決定，保証人・後見人・遺言執行者・婚姻届の証人になること，認知に承諾が必要な成年の子，家庭裁判所の許可を得ずに養子になることなど）	○
	婚姻開始年齢	○（女性）
	帰化，国籍の選択・再取得の期間制限の起算（図表Ⅱ－3参照）	○
	性別取扱変更請求	○
	医師・薬剤師・歯科医師・獣医師免許社会福祉主事・人権擁護委員・民生委員・公認会計士・司法書士・土地家屋調査士・行政書士・社会保険労務士の資格	○
20歳	養親になる資格	―
	飲酒，喫煙	―
	競馬，競輪，オートレース，モーターボート競走の投票券購入・譲受	―
	国民年金の被保険者資格	―
	児童自立生活援助事業，特別児童扶養手当の支給	―
	船長・機関長，大型（21歳）・中型免許，猟銃所持	―

出典：笹井＝木村編著 2019：75-82 頁に基づき，筆者作成。

18 歳・19 歳の者も，法定代理人の同意なしに，自動車や携帯電話の購入，クレジットカードの作成，アパート等の不動産の賃貸借，銀行ローンの利用等の契約をすることができる（民法 5）。

　また，18 歳・19 歳の者も，③職業・営業（民法 823，6），居所（民法 821）なども自ら決定することができる。さらに，これらの者は「成年」であり，未成年者＝制限行為能力者ではなくなることから，④債務者が保証人を立てる義務を負う場合の保証人の要件である「行為能力者であること」（民法 450 ①［1］），⑤婚姻届に必要な「成年の証人」（民法 739 ②），⑥認知をするために承諾を得なければならない「成年の子」（民法 782）の要件を満た

すことになる。他方，⑦家庭裁判所の許可がなければ養子にできない「未成年者」（民法798）ではなく，⑧後見人の欠格事由である「未成年者」（民法847 [1]）にも，⑨遺言執行者の欠格事由である「未成年者」（民法1009）にも当たらないことになる。

これら①〜⑨に示した行為については，満18歳に達した者が，自らの判断で行うことが認められた。それは，これらの行為については，満18歳に達した者を独立の主体として取り扱うことが適当であると考えられたからである。自ら各種の契約をする，基礎教育を受けた後にさらに知識や技能を習得する，職業に就く，居所を決める，……。これらは自らの人生において自己実現を図るために，自己決定（自己の判断によって責任ある決定をすること）をすべき領域といえる。それに加えて，人口減少・高齢社会においては，18歳・19歳を含むより多くの若年者が自立して様々な分野で活躍することにより，社会に大きな活力をもたらすことも期待されている[17]。これが成年年齢を満18歳としたことの具体的意味である。

これに対し，③養親年齢，④飲酒・喫煙ができる年齢については，成年年齢と連動させることを止め，満20歳とすることにより，実質的に現行法の規制を維持した。③養親については，養子の監護や財産管理等，他人の身上や財産にも影響を与え，自己の生活や経済取引に関する自己決定の領域を超えることを理由に，また，④飲酒・喫煙については，一定の身体的な成熟度を考慮する必要があることなどを理由に，20歳規制が維持された（後述(3)参照）。

なお，遺言をすることができる年齢は，改正前から成年年齢とは切り離されて，満15歳とされており（民法961），この点も変更はない。

17　最終報告書25頁参照。

iii　平成 30 年 6 月改正民法の施行日

　平成 30 年 6 月改正民法は，**令和 4（2022）年 4 月 1 日**（午前 0 時）から施行される（附則 1）。したがって，同改正民法施行日に満 18 歳未満の者には同改正民法 4 条が適用され，その後満 18 歳に達した時（年令計算に関する法律①による）に成年に達する（附則 2 ①）。同改正民法施行日に満 18 歳に達していた（が満 20 歳未満の）者は，同改正法施行日に成年に達したことになる（附則 2 ②）。

　それゆえに，同改正民法施行日前に 20 歳未満の者（未成年者）が行った，単独ではできない法律行為は，たとえ取消しの意思表示の時点で平成 30 年 6 月改正民法が施行されており，その時点で 18 歳に達していたとしても（例えば，19 歳 11 か月），なお取り消すことができる[18]。もっとも，その取消権の消滅時効（民法 126）の起算点は，①平成 30 年 6 月改正民法の施行日前に成年（20 歳）に達していた場合は，成年（20 歳）に達した時点，②同法施行日に成年（20 歳）に達していなかった場合（例えば，19 歳 11 か月）は，同法施行日（の午前 0 時）に成年に達したことになるために（附則 2 ②），同法施行日から取消権の消滅時効が起算される。

(2)　関連改正

　性同一性障害者の性別の取扱いの特例に関する法律（平成 15 年法律 111 号。以下，性別取扱特例法）が定める性別の取扱いの変更の審判を申し立てるための要件のうち，「20 歳以上であること」は「18 歳以上であること」に改められた（性別取扱特例法 3 ①［1］）。

　その理由は，性別は各人の人格そのものに関わる重要な問題であることから，性別の取扱変更については，本人の慎重な判断が求められるととも

18　笹井＝木村 2019: 70 頁。

に，本人の意思に基づく日々の生活の質の確保が十分に尊重されるべきであること，②どのような性別として人生を生きるかは，養親年齢などの問題と異なり，高度に自己決定が尊重されるべき領域の問題であるゆえに，自己決定を行いうる者としての成年年齢の引下げの趣旨が及ぶべきものと解されるからである。

なお，性別取扱特例法の一部改正法の施行日前に性別取扱変更審判の請求がされていた場合は，従前の例（改正前の規定）によることとされている（平成 30 年 6 月改正民法附則 17 条）。

(3) 20 歳規制の存続領域

i 養親子関係

平成 30 年 6 月改正民法は，「成年に達した者は，養子をすることができる」（改正前民法792）における「成年」の語を「**20 歳**」に改め，養親となる者の年齢が依然として 20 歳であることを明示した（民法792 ＊）。養親は，養子に対して親権を行使し（民法 818 ②），監護教育・財産管理を行う等（民法 820 ～ 824），自己決定の問題領域を超え，他人の子を法律上自分の子として育てるための大きな権限をもち，かつ重い責任を負うことから，成年年齢以上の成熟を必要とすると考えられるからである [19]。

なお，平成 30 年 6 月改正前は，婚姻によって成年擬制を受けた未成年者（成年擬制者）も養親として養子縁組をすることができると解釈されていた [20]。しかし，改正後は，たとえ成年者であって，かつ婚姻したとしても，20 歳未満の者は養親として養子縁組をすることができない。前述した養親に求められる成熟度が，婚姻によって満たされるとは解されないからで

19　なお，特別養子縁組については，養親年齢の原則（25 歳）および養親となる夫婦の一方が25 歳に達していないが 20 歳に達していれば特別養子縁組をすることができるとする例外則（民法 817 の 4）は，いずれも変更がない。

20　昭和 23 年 10 月 23 日民事甲第 1994 号民事局長回答。

Ⅱ　親族法の改正

図表Ⅱ-2　成年年齢・婚姻開始年齢と養親年齢

国	成年年齢	婚姻開始年齢	養親年齢
フランス	18	18	28
ドイツ	18	18	25
スペイン	18	18	25
イギリス	18	18	21
日本	18	18	20

出典：最終報告書 23 頁注 28 に基づき，筆者作成。表中の数字は年齢（歳）を表す。

ある。

　ちなみに，比較法的にも，成年年齢と養親年齢は必ずしも同じではなく，後者を前者より高く設定する例もある（図表Ⅱ-2）。

　養親年齢（満 20 歳）に達しない者がした養子縁組は，養親またはその法定代理人から，その取消しを家庭裁判所に請求できる（民法 804 本）。ただし，養親が「20 歳に達した後」6 か月を経過し，または追認をしたときは，取消請求はできない（民法 804 但＊）。

ii　飲酒・喫煙・娯楽関係

　民法の成年年齢の引下げに伴い，他の法律の年齢要件をどうするかは，各法律の趣旨に従い，各所管官庁により，個別に引下げの要否を検討するものとされた[21]。

　飲酒，喫煙，娯楽関係等の年齢要件を定める法律については，健康被害の防止，青少年の保護等の観点から，成年年齢引下げにもかかわらず，20 歳要件を維持したものが多い[22]。

　例えば，飲酒・喫煙の年齢要件は，健康面への影響と非行防止の観点か

21　笹井＝木村編著 2019: 83 頁。
22　笹井＝木村編著 2019: 83 頁。

2 成年年齢

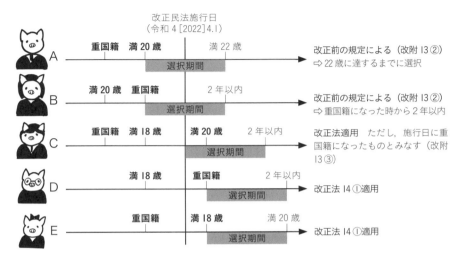

図表II-3 重国籍の者が国籍を選択すべき時期

重国籍になった時期	国籍を選択すべき時期
18歳〔20歳〕に達する前	20歳〔22歳〕に達するまでに選択
18歳〔20歳〕に達した後	重国籍になった時から2年以内に選択

(国籍法14条1項〔 〕内は改正前)　　　　　　　　　　　　　　　　出典：筆者作成。

ら，20歳が維持された。また，競馬・競輪・オートレース・モーターボート競走の投票券を買うための年齢要件も，青少年保護の観点，ギャンブル依存症リスクに対する教育状況等を踏まえ，20歳が維持された。その結果，従来の「未成年」の表現を改め，20歳未満の者は，喫煙（20歳未満の者の喫煙禁止法1），飲酒（20歳未満の者の飲酒禁止法1），馬券購入・譲受（競馬法28），競輪車券購入・譲受（自転車競技法9），勝車投票券購入・譲受（小型自動車競走法13），モーターボート舟券購入・譲受（モーターボート競走法12）が禁止される旨が定められた。

Ⅱ　親族法の改正

3　婚姻開始年齢

(1)　女性の婚姻開始年齢の引上げ・男女間での統一化

i　制度改正の経緯

婚姻開始年齢（婚姻することができる最低年齢）に関しては，**女性の婚姻開始年齢を18歳に引き上げる**とともに，それによって**男性の婚姻開始年齢と統一化**した（民法731＊）。婚姻は社会が成立するための重要な基礎であると考えられており，肉体的および精神的に成熟しない者の婚姻を禁じることが，各国の法律で行われてきた。日本では，明治23年旧民法（人事編）には婚姻開始年齢に関する規定はなく，明治31年民法第4編親族が初めて婚姻開始年齢を定め，男性17歳，女性15歳とした（民法旧756）。昭和22年改正民法により，婚姻開始年齢を男女各1歳ずつ引き上げて，男性18歳・女性16歳とされた。

その後，平成8年要綱（1996年）第1・1および成年年齢の引下げに関する最終報告書（2009年）[23]はともに，女性の婚姻開始年齢を18歳に引き上げるべきことを提言した。さらに，日本政府に対し，国連自由権規約委員会（2008年）は男女の婚姻開始年齢の差異を解消すべきことを求め，女子差別撤廃委員会（2009年，2016年）および児童の権利委員会（2010年）は，婚姻開始年齢を男女とも18歳とすべきことを求めた[24]。

こうした提言を経て，平成30年6月改正民法は，女性の婚姻開始年齢を18歳に引き上げることにより，男女間の差異を解消した。その理由として，第2次大戦後，社会・経済の高度化・複雑化が進展し，若年者が

23　「婚姻適齢については，以前，法制審議会において検討を行い，男女とも婚姻適齢を18歳とすべきであるという答申を出しており〔平成8年要綱〕，これを変更すべき特段の事情は存しないことから，男女とも18歳にそろえるべきである」（最終報告書24頁）。

24　日本は，これらの委員会の設置根拠となる条約をいずれも批准している。

婚姻し，夫婦として共同生活を営むために必要とされる社会的・経済的成熟度が格段に高度化した結果，少なくとも18歳程度の社会的・経済的成熟を求めることが適当であるとされている[25]。

　婚姻開始年齢が男女とも18歳とされた結果，婚姻開始年齢と成年年齢も統一化された。

ⅱ　施行日に女性が16歳以上18歳未満であった場合

　平成30年6月改正民法は令和4（2022）年4月1日に施行される。したがって，同改正民法施行の時点で16歳に達していた女性は，たとえその時点で18歳未満であったとしても，なお婚姻することができる（附則3②）。この場合，婚姻による成年擬制の規定（改正前民法753）は，なお効力をもつ（附則3③）。

⑵　関連改正

ⅰ　未成年者の婚姻に対する父母の同意（廃止）

　婚姻開始年齢と成年年齢が同一になった結果，未成年者の婚姻に対する父母の同意（改正前民法737）は不要となり，廃止された。むしろ，婚姻開始年齢と成年年齢を同じくすることは，婚姻に際して父母の同意を要しないものとすることにこそ重要な意味がある。父母の同意を得ずとも，本人たちの合意のみによって婚姻できることが，成年として一人前であるという意識をもたらすからである。

ⅱ　婚姻による成年擬制（廃止）

　婚姻開始年齢と成年年齢が同一になった結果，婚姻による成年擬制の規

25　笹井＝木村 2019: 48-49 頁。

定（改正前民法753）も不要となり，旧規定は削除された。

　もっとも，平成30年6月改正民法施行（令和4〔2022〕年4月1日）前に婚姻をした未成年者（例えば，令和4年3月1日に満16歳6か月で父母の同意を得て婚姻した女性B）が婚姻によって成年者とみなされ（改正前民法753），その後まだ18歳になる前に同改正民法が施行された場合（Bは満16歳7か月），同改正法によって削除された改正前民法753条はなお効力をもち，成年擬制は影響を受けない（Bは成年者として扱われる。平成30年6月改正民法附則3③）。

4　特別養子の対象年齢の拡大など

(1)　改正に至る経緯

　実親子でない者の間に，法的な親子関係を創設し，相互に扶養義務と相続権をもたせる養子縁組（普通養子縁組）の制度は，明治期以前から存在し，民法制定当初から規定が設けられた。それは，家名や財産の承継，親のいない子の養育，配偶者の連れ子を子とすることなどの目的で用いられてきた。もっとも，普通養子縁組の件数は，平成 28（2016）年度 7 万 8,910 件，平成 29（2017）年度 7 万 5,111 件と，減少傾向にある（図表Ⅱ-3）。普通養子縁組は，養子と養親との合意および戸籍窓口への届出によって成立する一方[26]，離縁もまた合意と届出によって効力を生じる。養子となる者の年齢に制限はない。普通養子縁組が成立すると，養子と養親との間には嫡出の親子関係が発生するが，養子と実親との親子関係もまた存続する。

　これに対し，特別養子縁組の制度は，実父母の貧困などにより，適切な養育を受けられない子を救済するために，家庭に恵まれない子に家庭を提供し，その健全な養育を図ることを目的として，昭和 62（1987）年の民法改正によって創設されたものである（昭和 62 年法律 101 号）。それは普通養子縁組と異なり，養子縁組の日から養子と実父母との実親子関係，その他実方の血族との親族関係は終了する（民法 817 の 9）。また，協議離縁は認められず，養親による虐待があるなどの厳格な要件の下で，家庭裁判所の審判によって例外的に離縁が認められる。これにより，特別養子縁組は，養親子関係を強固なものとし，養子が安定した家庭で養育されるよう，もっぱら子の利益を図る制度となっている。しかも，特別養子縁組は夫婦

26　未成年者を養子とする場合は，加えて，家庭裁判所の許可を要する（民法 798 本）。ただし，養親の孫，配偶者の子など，自己または配偶者の直系卑属を養子とする場合は，家庭裁判所の許可を要しない（民法 798 但）。

II　親族法の改正

図表 II -4　普通養子縁組・特別養子縁組の推移

	平成 25 (2013)	平成 26 (2014)	平成 27 (2015)	平成 28 (2016)	平成 29 (2017)
①普通養子縁組	83,647	83,611	82,592	78,910	75,111
②特別養子縁組	474	513	542	495	616
②／（①+②）	0.56%	0.61%	0.65%	0.62%	0.81%

出典：普通養子縁組については，戸籍統計（法務省），
特別養子縁組については，司法統計（裁判所）による。

共同縁組によらなければならない（ただし，配偶者の一方が他方の嫡出子〔特別養子縁組以外の縁組による養子を除く〕の養親になる場合はこの限りでない。民法 817の 3）。その結果，実子のない夫婦にとっては，実子のある婚姻家族と同様の家族（準婚姻家族）を形成することを可能にする[27]。この意味で，特別養子縁組はいわば新たな家族コミュニティの創出手段である。特別養子縁組の成立件数は，平成 28（2016）年度 495 件，平成 29（2017）年度 616 件と，養子縁組の件数が減少傾向にある中で，増加傾向にある。養子縁組全体に占める特別養子縁組の割合は，0.6% 台から 0.8% 台となっている（図表 II-4 参照）。

　日本では，他人の子でありながら，戸籍手続上は自分の子として届け出ることにより，戸籍上はあたかも自分の子としていわゆる**「わらの上からの養子」**の慣習が古くから存在した。近時は，産婦人科の医師が，予定外の妊娠などの理由で実親が養育の意欲を欠く場合に，他人の子として虚偽の出生証明書を発行し，それに基づいて出生届を提出することをあっせんする事件も発生した。特別養子縁組の制度によれば，そうした脱法的手段を用いなくとも，養子縁組により，当事者の目的を達成することができる。

27　大村 2010: 210-211 頁。

また，実親が行方不明の場合，実親の貧困や虐待のために実親の家庭での養育が困難な場合などにおいても，同制度を用いることができる。

　もっとも，改正前民法は，特別養子縁組の養子の対象年齢を原則6歳未満としていたことから，対象年齢の制限が厳格であるために，同制度を活用することができない子どもが少なくないことが問題視された。そこで，特別養子縁組制度を利用できる養子の対象年齢の制限を緩和し，制度の利用を拡大することの是非が議論された。

　法制審議会は，特別養子部会を設置し，第1回会議（平成30〔2018〕年6月26日）から第10回会議（平成31〔2019〕年1月29日）の審議を経て「特別養子制度の見直しに関する要綱案」を承認し[28]，これに基づき，平成31（2019）年2月14日，法制審議会は特別養子縁組制度について，養子となる者の対象年齢を現行法の原則6歳未満から同15歳未満へと拡大すべきことを法務大臣に答申した。また，15歳〜17歳であっても，本人の同意，15歳になる前からの養父母との同居，やむを得ない事情があるときは，特別養子としうることも提案した。

　また，特別養子縁組の成立には，原則として養子となる者の実父母の同意が必要であるが（民法817の6本）[29]，改正前民法では，家庭裁判所の審判によって特別養子縁組が成立するまでは，実父母はいったんした同意を撤回することができた。しかし，特別養子縁組を成立させるためには，養親となる者が養子となる者を6か月以上監護した状況を考慮しなければならないため（民法817の8①），養親となる者は，実親による同意が撤回される不安を抱きながら試験養育しなければならず，また，審判の直前に撤回されると，養子となる子および養親となる者に精神的負担をかけることもある。そこで，家庭裁判所の審判を2段階に分け，①子に縁組が必

28　この間，法制審議会特別養子制度部会第5回会議（平成30〔2018〕年10月9日）において，特別養子制度の見直しに関する中間試案が取りまとめられた。

29　ただし，実父母が意思表示できない場合，または実父母による虐待，悪意の遺棄，その他養子となる者の利益を著しく害する事由があるときは，その同意を要しない（民法817の6但）。

要かどうかを判断する第1段階と，②養親となる者が相応しいかどうか
を判断する第2段階とし，第1段階で実親が同意して2週間が過ぎると
当該同意を撤回できないとすること，第2段階には実親が関与できない
ものとすることが提案された。

　以上の改正趣旨に基づき，平成31（2019）年3月15日，政府は民法改
正案を閣議決定し，同日第198回国会（常会）に提出した。同法案は，令
和元（2019）年6月7日成立し，6月14日公布された（法律34号）。公布か
ら1年以内に施行される。

(2) 令和元年6月改正法の内容

ⅰ 特別養子縁組の要件

　令和元年6月改正民法は，①特別養子となる者の年齢を，**原則**として，
6歳未満から**15歳未満**へと大幅に引き上げた（民法817の5①前段＊）。

　加えて，②**例外**として，特別養子となる者が15歳以上であっても，[1]
特別養子縁組の成立時に**18歳未満**であり，[2] 15歳に達する前から引き
続き養親となる者に監護されている場合において，[3] 15歳に達するま
でに養親となる者から家庭裁判所に対して特別養子縁組の請求（民法817
の2）がされなかったことに「やむを得ない事由」があり，かつ[4] 15
歳に達した者の「同意」があるときは，特別養子縁組の請求をすることが
できるものとした（民法817の5①後段＊）。これは，特別養子縁組制度のよ
り積極的な活用に向けた改正であり，日本の養子制度の発展の上でも大き
な意味をもつものといえる。

ⅱ 特別養子縁組の手続

ア 2段階方式の導入

　令和元年6月改正法は，家事事件手続法の一部改正も行い，家庭裁判

所における特別養子縁組の手続を，①**特別養子適格の確認の審判**（以下，確認審判という）と，②**特別養子縁組の成立の審判**（以下，成立審判という）の2段階に分けた（家手法164②＊。もっとも，申立ては同時に行う〔家手法164の2③＊〕）。①確認審判は，養子となるべき者について，[1]**実父母の同意**があること（民法817の6本），または父母がその意思を表示できないために，もしくは父母による虐待・悪意の遺棄・その他養子となる者の利益を著しく害する事由があるために，父母の同意を要しないこと（民法817の6但），および[2]実父母による養子となる者の監護が著しく困難または不適当であるなどの**「特別の事情」**がある場合に該当すること（民法817の7）を確認する審判である。②成立審判は，特別養子縁組を成立させる審判である。

実親は，①確認審判の手続において，家庭裁判所調査官による事実の調査を経た上で家庭裁判所に書面を提出して同意した場合，または審問の期日において同意した場合，それから**2週間経過後**は同意の撤回ができない（家手法164の2⑤＊）。また，実親は，②成立審判には関与することができない。

養親となるべき者は，①確認審判が確定した後に試験養育をすることもできる（民法817の8②）。

これにより，養親となるべき者は，実親による養育状況に問題ありと認められるか否かが不明のまま，また，実親による同意の撤回についての不安を抱いたまま，試験養育をする必要がなくなる。

イ　確認審判の手続

確認審判は，**養親となるべき者の申立て**により，その者と養子となるべき者との間の縁組について，家庭裁判所が行う。ただし，養子となるべき者の出生の日から2か月を経過する日まで，および養子となるべき者が18歳に達した日以後は，確認審判をすることができない（家手法164の2①

＊)。確認審判の事件は，養親となるべき者の住所地を管轄する家庭裁判所の管轄に属する（家手法 164 の 2 ②＊)。また，確認審判については，**児童相談所長**にも申立人となる資格および参加人として主張・立証する資格が与えられた（児福法 33 の 6 の 2 ＊，33 の 6 の 3 ＊)。これにより，養親となるべき者が実親と対立し，実親による養育状況等を主張・立証しなければならない場面が回避されうる。

確認審判の申立ては，特別養子縁組の成立の審判（後記ウ）の申立てと同時にしなければならない（家手法 164 の 2 ③＊)。

確認審判の事件では，養親となるべき者，養子となるべき者または養子となるべき者の父母が，成年被後見人，被保佐人または被補助人であっても，単独で行為することができる（家手法 118，164 の 2 ④＊)。

家庭裁判所は，確認審判をする場合は，①養子となるべき者（15 歳以上の者に限る)，②養子となるべき者の父母，③養子となるべき者に対し親権を行う者（②を除く）および養子となるべき者の未成年後見人，④養子となるべき者の父母に対し親権を行う者および養子となるべき者の父母の後見人の**陳述**を聴かなければならない（家手法 164 の 2 ⑥＊)。②養子となるべき者の父母の同意がないにもかかわらずその審判をするときは，その者の陳述の聴取は審問の期日においてしなければならない（家手法 164 の 2 ⑥＊)。

確認審判に対しては，①養子となるべき者，②養子となるべき者の父母，③養子となるべき者に対し親権を行う者（前記②の父母を除く)，④養子となるべき者の未成年後見人，④養子となるべき者の父母に対し親権を行う者および養子となるべき者の父母の後見人が**即時抗告**できる（家手法 164 の 2 ⑫＊)。

確認審判は，当事者，利害関係参加人，これらの者以外の審判を受ける者（家手法 74 ①)，養子となるべき者に対して親権を行う者，養子となるべき者の未成年後見人，養子となるべき者の父母に対して親権を行う者および養子となるべき者の父母の後見人に**告知**しなければならない（家手法 164

の2⑨＊）。ただし，養子となるべき者の年齢および発達の程度その他一切の事情を考慮して，その者の利益を害すると認める場合は，**養子となるべき者への告知**を要しない（家手法164の2⑩＊）。また，養子となるべき者の**父母を特定できないとき**は，これらの者，これらの者に対して親権を行う者ならびにその後見人の陳述を聴くこと，およびこれらの者にその審判を告知することを要しない（家手法164の2⑪＊）。

ウ　成立審判の手続

養子となるべき者は，確認審判を受けた者（児童相談所長の申立てによる確認審判の場合は，成立審判の申立日の6か月前の日以後に確定したものに限る）でなければならない（家手法164②＊）。

養子となるべき者の父母（夫婦の一方の嫡出子〔普通養子縁組による養子を除く〕を特別養子とする養親となる場合を除く）は，成立審判の事件の手続に参加することができない（家手法164④＊）。

成立審判も，養子となるべき者の年齢および発達の程度その他一切の事情を考慮し，「その者の利益を害すると認める場合」は，**養子となるべき者への告知**を要しない（家手法164⑨本文＊）。ただし，養子となるべき者が15歳に達している場合は，告知しなければならない（家手法164⑨但＊）。

成立審判は，**養子となるべき者の実父母への告知**を要しない。ただし，住所または居所が知れている実父母には，審判をした日および審判の主文を**通知**しなければならない（家手法164⑩＊）。

エ　両審判手続の関係

家庭裁判所は，②成立審判を，①確認審判と同時にすることができる。その場合，②成立審判は，①確認審判が確定するまでは確定しない（家手法164⑪＊）。また，①・②同時審判の場合，①確認審判を取り消す裁判が確定したときは，家庭裁判所は職権で②成立審判を取り消さなければなら

ない（家手法 164 ⑫＊）。

①確認審判（児童相談所長の申立てによる確認審判を含む）は，②成立審判事件の係属する裁判所を拘束する。この場合，①確認審判は，②成立審判をする時においてしたものとみなされる（家手法 164 ⑦＊）。

家庭裁判所は，②成立審判の申立てを却下する審判が確定したとき，または成立審判の申立てが取り下げられたときは，当該申立てをした者の申立てに係る確認審判の申立てを却下しなければならない（家手法 164 の 2 ⑦＊）。

⑶ 新しい家族コミュニティの創出

特別養子となる者の対象年齢の引上げに伴い，特別養子縁組の数自体が増えることが予想されるだけでなく，実親と異なる者との間に親子関係を形成し，かつ実親との血族関係が法律上切断されることを最初から自覚しながら新たな家族関係を形成する場面が増えることも意味する。それは，自然的な血縁関係を中心に形成される伝統的な家族のイメージに対し，人間の意思によって築き上げるものとしての新たな家族のあり方に向けて，家族制度が一歩前へ進もうとしていることを意味する。その意味では，令和元年 6 月改正法による特別養子縁組の制度改正は，少なからぬ意味をもっている。

個人主義がますます進展する現代社会にあっても，夫婦・親子を中心とする家族コミュニティは，人間にとって，幼少期の衣食住の扶養にとどまらず，成長し，判断力や生活力が増した段階にあっても，けっして過小評価できない存在であるのかも知れない。

児童福祉法は，平成 28（2016）年改正（法律 63 号）により，全ての**児童（満 18 歳未満の者）**は，**児童の権利に関する条約**の精神に則り，適切な養育を受け，心身の健やかな成長・発達，自立などが保障される権利をもつこ

と（同法1＊），国および地方公共団体の責務として，家庭における養育が困難な児童に対する**家庭と同様の養育環境における養育**の推進（同法3の2＊）などを明記した。そして，養子縁組に関する相談支援を都道府県の業務とした（同法3の3②＊，11①［2］ト＊）。実親による養育が困難な児童に対し，養育者との安定的な関係を保ちながら，家庭での養育を確保することのできる養子縁組は，児童の健全な育成を図る上で重要な役割を果たすことが期待されている。

養子縁組を促進する上で，民間の養子縁組あっせん事業者が大きな役割を果たしている。しかし，一部には不当に営利を図り，適正に養子縁組のあっせんをしないなどの事業者もあることが問題とされていた。そこで，民間あっせん機関による適正な養子縁組のあっせんの促進を図るために，養子縁組あっせん事業者について許可制度を実施し，その業務の適正な運営を確保するために，**民間あっせん機関による養子縁組のあっせんに係る児童の保護等に関する法律**（平成28年12月16日法律110号）が議員立法として制定・施行された（平成30〔2018〕年4月1日）。同法は，特別養子縁組のあっせんについても適用される（同法27，29，30）。

特別養子縁組制度に関するこれらの法改正により，特別養子縁組の活用が今後どのような形で進んでゆくか，新たな家族コミュニティの形成という観点から注目される。そこには，日本の家族法の新しい潮流が見出されるかも知れない。

Ⅱ　親族法の改正

5　戸籍情報の取得・利用の円滑化

(1)　戸籍法制の見直しに向けた動き

　戸籍情報にマイナンバーをリンクさせて，戸籍情報の取得・利用を円滑にするための戸籍法制の見直しが行われている。令和元年 6 月改正法は，その成果の一部である。

　平成 29（2017）年 10 月，法制審議会（第 179 回会議）は法務大臣の諮問105 号を受け，戸籍法部会を設置した。同諮問は，「国民の利便性の向上及び行政運営の効率化の観点から，戸籍事務にマイナンバー制度を導入し，国民が行政機関等に対する申請，届出その他の手続を行う際に戸籍謄本等の添付省略が可能となるようにするとともに，電子情報処理組織を使用して行う戸籍事務を原則とするための規定及び戸籍の記載の正確性を担保するための規定の整備等，戸籍法制の見直しを行う必要があると考えられるので，その要綱を示されたい」というものであった。法制審議会戸籍法部会は，第 1 回（同年 10 月 20 日）から第 12 回（平成 31〔2019〕年 2 月 1 日）の審議を経て，戸籍法の改正に関する要綱案を承認した[30]。これに基づき，戸籍法の一部改正が実現した（令和元年 5 月 31 日法律 17 号）。

(2)　戸籍の謄抄本の取得の簡易化

　戸籍謄本や戸籍抄本を取得するためには，現時点では本籍地の市区町村において申請しなければならない。しかし，戸籍法の一部改正により，戸籍または除かれた戸籍が磁気ディスクをもって調製されているときは，本籍地の市区町村以外の市区町村においても戸籍謄本などの請求ができるも

30　この間「戸籍法の改正に関する中間試案」（平成 30〔2018〕年 4 月 20 日第 6 回会議承認）
　　が取りまとめられている。

のとされた（戸籍法120の2＊）。これにより，戸籍に記載された者，その戸籍から除かれた者，それらの配偶者，直系尊属または直系卑属は，全国いずれの市町村においても，戸籍の謄本・抄本および戸籍に記載した事項に関する証明書の交付を請求することができることになる。これにより，婚姻の届出，パスポートの取得などのために必要な戸籍謄・抄本が本籍地の市区町村でなければ取得できないといった従来の負担は軽減される。改正戸籍法は，公布の日（令和元〔2019〕年5月31日）から5年以内に施行されることになっている。

本籍地以外の自治体で戸籍謄・抄本などを請求する場合，本人確認は運転免許証やマイナンバーカードで行うことになる。

⑶　マイナンバー制度を利用した戸籍の謄抄本の提出の省略

さらに，戸籍データをマイナンバーと連携させることにより，年金の受給など，社会保障関係の手続でも，戸籍の謄抄本の添付を省略できるようになることも見込まれている。例えば，児童扶養手当の支給事務における続柄・死亡の事実・婚姻歴の確認，国民年金の第3号被保険者（被保険者に扶養されている主婦など）の資格，取得事務における婚姻歴の確認，奨学金の返還免除事務における死亡の事実の確認，健康保険の被扶養者の認定事務における続柄の確認などである。

⑷　戸籍データ管理システムの改善

こうした戸籍情報の取得の円滑化を実現するために，戸籍副本データ管理システム（東北大震災後の2013年から電算化された戸籍の副本を管理するシステム）[31] をさらに拡張・発展させた新システムの開発が予定されている。これは，国が保有する戸籍（副本）データを全国の地方公共団体で利用でき

るようにすることを意味する。それは，戸籍事務の効率化と行政手続の簡素化に寄与する。この新システムが実現すれば，従来は官庁などの公的機関に対して戸籍抄本などの提出が必要とされていた様々な場面で，当該公的機関が必要な戸籍情報を積極的に取得することにより，提出が不要とされることも考えられる。

さらに，戸籍データとマイナンバー制度の連結が進めば，そうした傾向はさらに強まることも考えられる。もっとも，中央・地方の官庁間で個人情報を共有することについては，個人情報の保護を理由とする制限との適切な調整が必要になる。

そのような個人情報の保護を確保したうえで，戸籍情報（特に死亡に関する情報）は，法務局が保管する登記に関する情報，自筆証書遺言書の保管（後述Ⅲ2(1)ⅳ参照）に関する情報などと適切にリンクさせることにより，所有者不明不動産の探索，的確な遺言執行などに役立てられる可能性もあるものと考えられる。

---

31 戸籍の正本は市役所・町村役場に，副本は管轄法務局・地方法務局またはその支局が保存している（戸籍法8②）。

Ⅲ 相続法の改正

相続法の改正では，遺言が利用しやすくなるみたい。法定相続や遺産分割では判例とは違う内容の改正がされているから注意が必要だね。
図を見ながらしっかりとポイントを押さえてね。

1 相続法改正論の推移と概要

　相続法の見直しは，非嫡出子の相続分に関する違憲判決（★最大決平成25年9月4日民集67巻6号1320頁）を契機にして，そのカウンターバランスとしての法律婚の保護，特に法律婚の配偶者の保護を中心に検討が始まり（「相続法制検討ワーキングチーム報告書」法制審（相続）部資・参考資料1），日本社会の高齢化の進行や家族関係の多様化に伴って生じている様々な問題に対処するために，議論が展開された。法制審議会は，第174回会議（平成27〔2015〕年2月24日）で，諮問第100号「高齢化社会の進展や家族の在り方に関する国民意識の変化等の社会情勢に鑑み，配偶者の死亡により残された他方配偶者の生活への配慮等の観点から，相続に関する規律を見直す必要があると思われるので，その要綱を示されたい」を受け，民法（相続関係）部会を設置した。法制審議会民法（相続関係）部会は，第1回（平成27〔2015〕年4月21日）から第26回（平成30〔2018〕年1月16日）の審議を経て，「民法（相続関係）等の改正に関する要綱案」を承認した[32]。同要綱案は，法制審議会第180回会議（同年2月16日）で原案どおり全会一致で採択され，法務大臣に答申された。

　これに基づき，平成30（2018）年3月13日，「民法及び家事事件手続法の一部を改正する法律案」が衆議院に提出され，法務委員会の審議を経て，同年6月19日可決，参議院の法務委員会の審議を経て，同年7月6日成立した。

　今回の民法（相続法）および家事事件手続法の一部改正は，配偶者の法定相続分の引上げ，寄与分制度の新設などを内容とする昭和55（1980）年改正に続くもので，約40年ぶりの相続法の大きな改正となった。それは主として4つの柱からなっている。

32　この間に「民法（相続関係）等の改正に関する中間試案」（平成28年6月21日）および「中間試案後に追加された民法（相続関係）等の改正に関する試案（追加試案）」（平成29年7月18日）が公表された。

i 第1に，**遺言**に関して，自筆証書遺言の方式を緩和し，法務局での自筆証書遺言の保管を可能にするなど，遺言の利用促進を図った。また，遺留分の侵害に対する回復手段としての遺留分減殺請求権を廃し，遺留分侵害額請求権という金銭債権とし，遺言の効力を強化した。さらに，遺言執行者の権利・義務を明確にし，遺言内容の確実な実現が図られた。これらは遺言者の意思を尊重し，その効力を強化する方向への改正である（後述 2）。

ii 第2に，**法定相続分を超える遺言処分**に関して，遺言による相続分の指定，遺産分割方法の指定，遺産に属する特定の財産を特定の相続人に相続させる遺言などは，従来は登記などの対抗要件を備えなくても第三者に対抗可能であると判例が確立していたのに対し，法定相続分を超える部分については，対抗要件を備えなければ第三者に対抗できないものとした。また，遺言によって相続分の指定が行われた場合でも，被相続人の債権者は法定相続分に応じて共同相続人に対して権利行使ができるものとした。これらは，第三者や相続債権者を保護するために，遺言の効力を制限し，法定相続主義によるものであるが，第1の方向と矛盾するものではなく，それを安定化させる方向への改正である（後述 3）。

iii 第3に，**遺産分割**に関して，各共同相続人による遺産分割前の預貯金債権の単独行使を一定限度で許容する制度の創設，遺産分割前に遺産に属する財産を処分した共同相続人への対処方法の規定，遺産の一部分割の請求，特別寄与者の制度の創設などが行われた。これらは，迅速で合理的で公正な内容の遺産分割を促進する方向への改正である（後述 4）。

iv 第4に，**配偶者の居住の安定確保**のために，配偶者居住権および配偶者短期居住権の制度が創設された（後述 5）。

2 遺言制度に関する改正

(1) 遺言書の作成促進のための制度改革

i 遺言書作成の増加傾向

日本の相続法は，依然として法定相続主義が主流である。しかし，遺言書の作成数は，自筆証書遺言および公正証書遺言ともに，増加傾向にある。

自筆証書遺言の遺言書の検認件数は，1997 年 8,855 件，2000 年 1 万251 件，2011 年 1 万 5,113 件，2012 年 1 万 6,014 件，2016 年 1 万 7,205件と着実に増加している[33]。死亡者数[34]に占める自筆証書遺言の検認件数の割合は，2000 年 1.07%，2016 年 1.32% と増加している。

一方，遺言公正証書の作成数も，2011 年 7 万 8,754 件，2014 年 10 万4,490 件，2016 年 10 万 5,350 件，2018 年 11 万 471 件と，コンスタントに増加している[35]。

ii 自筆証書遺言の自書要件の緩和

自筆証書によって遺言をするには，遺言者がその全文，日付および氏名を自書し，押印しなければならない（民法 968 ①）。平成 30 年 7 月改正法により，この自筆証書遺言の自書要件が緩和された。すなわち，自筆証書と「**一体のものとして**」相続財産の「**全部又は一部の目録を添付する場合**」は，その財産目録については自書することを要しない（民法 968 ②前段＊）。自書によらない財産目録を添付する場合とは，例えば，パソコンなどで作成した財産目録，預貯金通帳のコピー，不動産の登記事項証明書のコピーなどを自筆証書に添付する場合である。

33　司法統計（裁判所）による。
34　人口動態統計（厚生労働省）による。
35　日本公証人連合会による。

Ⅲ　相続法の改正

　もっとも，遺言者は自書によらない財産目録（添付文書）の**「毎葉」**（＝各用紙の意味）[36] に署名・押印しなければならず，各葉＝各用紙の両面に自書によらない記載があるときは，その両面に署名・押印しなければならない（民法 968 ②後段＊）。

　自書することを要しないのは，相続財産の全部または一部の目録を**「添付する場合」**に限られる。したがって，自筆による遺言書の本文（全文，日付および氏名を自書し，押印しなければならない。民法 968 ①）と同一の用紙に，自書によらない財産目録を印刷するなどすることはできないものと解されている[37]。①自書によらなければならない自筆証書遺言の本文と，②自書によらない相続財産目録とが，同一の用紙に混在してもよいとすると，遺言書の変造の可能性が高まる一方で，同一用紙にする必要性（用紙の節約）や別用紙にする負担の増大は大きなものとは考えられないことによる。

iii　遺言の撤回行為の撤回・取消しなどの効力

　遺言が撤回されたとき（民法 1022，1023，1024）は，その撤回行為が撤回され，取り消されまたは効力を生じなくなるに至ったときであっても，いったん行われた撤回は効力を回復しない（民法 1025 本）。ただし，その撤回行為が錯誤，詐欺または強迫による場合は，撤回行為を取り消すことができる（民法 1025 但＊）[38]。

iv　法務局における自筆証書遺言の保管など

ア　制度趣旨

　法務局における遺言書の保管等に関する法律（平成 30〔2018〕年 7 月 6 日

36　堂園＝野口編 2019: 106 頁。
37　堂園＝野口 2019: 108 頁。
38　平成 29 年民法改正（債権法改正）により，錯誤が取消事由とされたこと（民法 95）に伴う改正である。施行は債権法改正と同じく，令和 2（2020）年 4 月 1 日となる（図表 1-2）。

44

成立，7月13日公布・法律73号。令和2年7月10日施行[39]。遺言書保管法）により，自筆証書遺言について，法務局で保管する制度が創設された。自筆証書遺言は，従来は自宅で保管されることが多かった。しかし，その場合，①遺言書が紛失・亡失するおそれ，②相続人によって遺言書が廃棄・隠匿・改ざんされるおそれ，③前記①，②またはその他の事由に起因して，相続をめぐる紛争の原因になることが少なくなかった。これらの問題を回避する目的で，法務局が自筆証書遺言による遺言書を保管する制度を新設した。この制度によって保管された遺言については，家庭裁判所の検認（民法1004①）を得る必要がない。

イ　保管の申請と撤回

遺言書の保管は，遺言者から法務局への申請によって行われる。遺言書の保管に関する事務は，法務局のうち，法務大臣が指定する法務局（遺言書保管所）において，遺言書保管官として指定された法務事務官が取り扱う（遺言書保管法2，3）。

保管申請は，①遺言者の住所地，②遺言者の本籍地または③遺言者が所有する不動産の所在地を管轄する遺言書保管所の遺言書保管官に対してすることができる（同法4③）。

保管申請は，遺言者が遺言書保管所に自ら出頭して行わなければならない。その際，遺言書保管官は，申請人が本人であるかどうかの確認を行う（同法4⑥，5）。

申請の対象となるのは，自筆証書によってした遺言（民法968。自筆証書遺言）に係る遺言書のみである（遺言書保管法1）。また，保管申請する遺言書は，封のされていないもの（無封のもの）でなければならない（同法4②）[40]。

39　遺言書保管法（平成30年法律73号）附則に基づき，平成30年政令317号による。
40　保管申請する遺言書は，法務省令によって定められた様式に従って作成されたものでなければならない（同法4②）。

保管申請された遺言書は，遺言書保管官が，遺言書保管所の施設内において原本を保管し，かつその画像情報等の遺言書に係る情報を管理する（同法6①，7①）。

遺言者は，保管申請を撤回することもできる（同法8）。保管申請が撤回されると，遺言書保管官は遺言書を遺言者に返還し，かつ遺言書に係る情報を消去する（同法8④）。

ウ　閲覧請求など

遺言者は，保管されている遺言書の閲覧を請求することができる。しかし，遺言者以外の者は，遺言者の生存中は，遺言書の閲覧等を行うことができない。

他方，遺言者の死亡後は，遺言者の相続人，受遺者，遺言執行者等は，遺言書原本の閲覧請求（同法9③）および遺言書の画像情報等を用いた証明書（遺言書情報証明書）の交付請求（同法9①）をすることができる。

遺言書保管官は，相続人等に遺言書の閲覧をさせたとき，または遺言書情報証明書を交付したときは，速やかに，当該遺言書を保管している旨を遺言者の相続人，受遺者および遺言執行者に通知するものとされている（同法9⑤）。

遺言者の相続人，受遺者等は，特定の死亡している者について，自分が相続人・受遺者等となっている遺言書（関係遺言書という）が遺言書保管所に保管されているかどうかを証明した書面（遺言書保管事実証明書）の交付を請求することができる（同法10）。

エ　保管の効果

遺言書保管所に保管されている遺言書については，遺言書の検認（民法1004①）の規定は適用されない（遺言書保管法11）。遺言書保管所で保管されている遺言書については，偽造，変造などのおそれがないと考えられる

からである。

オ　費用

遺言書の保管の申請，遺言書の閲覧請求，遺言書情報証明書または遺言書保管事実証明書の交付の請求をするには，手数料を納める必要がある（同法12）[41]。

(2)　遺贈義務者の担保責任

i　改正内容

遺贈が行われ，遺言者が死亡して効力が発生した場合，遺贈義務者（相続人）は，遺贈の目的物である物または権利を相続開始時の状態で，または相続開始後に物または権利が遺贈の目的物として特定した場合はその特定時の状態で，受遺者に引き渡す義務を負う（民法998本*）。ただし，遺言者がその遺言において別段の意思を表示したときは，その意思に従う（民法998但*）。

ii　改正前の規定

改正前は，一方で，①「不特定物」を遺贈の目的物とした場合において，目的物を受遺者が第三者から追奪されたときは，遺贈義務者は売主と同じ担保責任を負い（改正前民法998①），目的物に瑕疵があったときは，遺贈義務者は瑕疵のない代物の給付義務を負う（同998②）ものとしていた。

他方，②遺贈の目的物（特定物）が遺言者の死亡時に，第三者の権利の目的物になっていた場合でも，受遺者は遺贈義務者に対し，その権利を消滅させるべき旨を請求することができない（ただし，遺言者がその遺言におい

41　手数料は収入印紙をもって納付される（同法12②）。手数料の額は，政令で定められる。

て反対の意思を表示したときはこの限りでない）としていた（改正前民法 1000）。

iii　改正理由

平成 29 年改正民法（債権法改正）は，遺贈と同じく無償行為である贈与について，目的物が特定物か不特定物かを問わず，贈与者は贈与の目的である物または権利を，贈与の目的として特定した時の状態で引き渡しまたは移転することを約束したものと推定する旨の規定を設けた（民法 551 ①＊）。そこで，平成 30 年 7 月改正民法は，贈与と同じく無償行為である遺贈について，特定物か不特定物かを問わず，前述のように，相続開始時またはその後に遺贈の目的物として特定した時の状態で引き渡しまたは移転する義務を負うものとし（民法 998 本＊），贈与者の義務とのバランスを図った（なお，他人物遺贈に関する民法 996，997 には変更がない）。

もっとも，贈与の場合のように，それに反する意思表示について受贈者の反証を認める「推定する」とはせず，遺言者が「その遺言に」別段の意思を表示したときはその意思に従うとして（民法 998 但＊），受遺者の反証手段を当該遺言における別段の意思表示に限定した。それは，当該別段の意思表示も遺言＝要式行為の一部であることと，遺贈の効力発生時には遺言者が死亡しているため，その意思表示の解釈をめぐる紛争を回避する必要があることによる。

民法 998 条＊の改正により，改正前民法 1000 条（前記 ii ②）の規定内容は改正民法 998 条＊によってカバーされることになったがゆえに，改正前民法 1000 条は削除された。

iv　施行期日

改正民法 998 条の施行および改正前民法 1000 条の削除は，平成 29 年改正民法（債権法改正）債権法改正に伴う改正であることから，それと同じく令和 2（2020）年 4 月 1 日となる（図表 I –2）。

2 遺言制度に関する改正

(3) 遺言執行者の権利・義務の明確化

i 権利・義務の明確化の必要性

遺言執行者の法的地位および権利・義務をめぐっては，遺言執行者が誰の利益のために職務を行うべきか，明確な規定がなく，議論があった[42]。しかし，遺言の利用を促進するためには，遺言執行者を定め，かつその権利・義務を明確に定めておくことが重要である。

ii 相続人への遺言内容の通知義務

遺言者が死亡して遺言が効力を発生した場合，遺言内容の実現については，遺言執行者がないときは相続人が履行する義務を負うが，遺言執行者があるときは遺言執行者が履行する義務を負う。したがって，遺言執行者の有無およびその遺言の内容について，相続人は重大な利害関係をもつ。そこで，遺言執行者が就職し，任務を開始したときは（民法 1007 ①参照），遅滞なく，遺言の内容を相続人に通知しなければならない（民法 1007 ②＊）。

iii 遺言執行者の権利・義務と法的地位の明確化（原理的規定）

改正前民法は，遺言執行者は「相続財産の管理その他遺言の執行に必要な一切の行為をする権利義務を有する」（改正前民法 1012）と定める一方で，遺言執行者は「相続人の代理人とみなす」（改正前民法 1015）と定めていたために，遺言者の意思と相続人の利益が対立する場合（遺留分を侵害する遺言処分がされた場合など）に，遺言の執行をめぐり，遺言執行者と相続人の間で紛争を生じることがあった[43]。そこで，改正前民法 1015 条は実務上

---

42 従来は，遺言執行者の権利・義務につき，特定遺贈がされた場合，遺産に属する財産を特定の相続人に相続させる遺言がされた場合などにおいて，判例によってルールが補充されてきた。

49

誤解を生じさせやすいことから，遺言執行者は遺言者の意思を実現すべき職務を負う者として再規定すべきである旨の提案もされていた[44]。

そこで，平成 30 年 7 月改正法は，遺言執行者は「遺言の内容を実現するため，相続財産の管理その他遺言の執行に必要な一切の行為をする権利義務を有する」（民法 1012 ①＊）との原理規定を設けた上で，遺言執行者を「相続人の代理人とみなす」（改正前民法 1015）との規定を改め，「遺言執行者がその権限内において遺言執行者であることを示してした行為は，相続人に対して直接にその効力を生ずる」（民法 1015 ＊）とし，遺言の内容を実現することを職務とする遺言執行者の法的地位を明確にした。

iv 遺言執行者の具体的な権利・義務（各論的規定）

遺言執行者の法的地位の原理的規定（民法 1012 ①）に続き，平成 30 年 7 月改正法は，各論的に，以下の規定を置いた。

① **遺贈**がされた場合において，遺言執行者があるときは，「遺贈の履行は，遺言執行者のみが行うことができる」（民法 1012 ②＊）。すでに判例は，被相続人が特定の財産を目的物とする遺贈（特定遺贈）をした場合において，遺言執行者があるときは，遺言執行者のみが遺贈義務者になると解していた[45]。民法 1012 条 2 項＊は，この判例をベースにしつつ，包括遺贈の場合も含めて，およそ遺贈がされた場合において，遺言執行者があるときは，遺言執行者のみが遺贈の履行義務を負うことを定めたものである[46]。

---

43 もっとも，判例は，遺言執行者は「相続人の代理人とみなす」（改正前民法 1015）との規定があるからといって，「相続人の利益のためにのみ」行為すべき責務を負うと解すべきではなく，遺言執行者の任務は「遺言者の真実の意思を実現する」ことにあると解釈した（★最判昭和 30 年 5 月 10 日民集 9 巻 6 号 657 頁）。
44 西島良尚「遺言執行者の法的地位」円谷編 2010・447-459 頁。
45 ★最判昭和 43 年 5 月 31 日民集 22 巻 5 号 1137 頁。
46 堂園＝野口 2019: 114 頁。

② **遺産分割方法の指定**として，「**特定財産承継遺言**」（遺産に属する特定の財産を共同相続人の 1 人または数人に承継させる旨の遺言）があった場合，遺言執行者は「当該共同相続人が第 899 条の 2 第 1 項に規定する**対抗要件を備えるために必要な行為**をすることができる」（民法 1014 ②＊）。ただし，被相続人が遺言で別段の意思を表示したときは，この限りでない（民法 1014 ④＊）。

従来の判例によれば，特定財産承継遺言がされた場合，それによって権利を取得する相続人（受益相続人）は，対抗要件を備えなくても当該特定財産の権利取得を第三者に主張することができると解された[47]。これに対し，平成 30 年 7 月改正法は，受益相続人は，その法定相続分を超える部分については，対抗要件を備えなければ権利取得を第三者（共同相続人の債権者，被相続人の債権者など）に対抗することができないものとした（民法 899 の 2 ①＊）。このように，民法 1014 条 2 項＊は，対抗要件主義が適用される場面が拡大されたこと（民法 899 の 2 ①＊）を前提にしている。対抗要件の具備を遺言執行者の権限としたことは，「相続登記の促進を図る効果も期待される」とされている[48]。それは特定財産承継遺言の制度にも資する。

なお，特定財産承継遺言は，被相続人の死亡により，当該特定財産の所有権が被相続人から受益相続人に相続を原因として直接に移転すると解されている[49]。したがって，特定財産が不動産である場合，相続を原因とする所有権移転登記手続（不登法 63 ②）を受益相続人が単独で申請することができる[50]。民法 899 条の 2 ＊も，特定財産承継遺言がされた場合の実体法上の権利変動に関する判例法理を否定したものとは解されないとすれば，平成 30 年 7 月改正法の施行後も，特定財産承継遺言がされた場合，不動

47　後述 3 ⑴ⅲ，図表Ⅲ-5 参照。
48　堂園＝野口 2019: 116 頁。
49　★最判平成 3 年 4 月 19 日民集 45 巻 4 号 477 頁。
50　昭和 47 年 4 月 17 日甲 1441 民事局長回答（民事月報 27 巻 5 号 165 頁）。

産の受益相続人は相続を原因とする所有権移転登記手続を単独で申請できるものと解される[51]。

　この解釈を前提にして，特定財産承継遺言がされた場合において対抗要件を備えるために必要な行為をする権限を遺言執行者に与えた民法1014条2項＊を解釈すれば，遺言執行者は不動産が特定財産承継遺言の目的とされているときは，相続を原因とする所有権移転の登記手続を単独で申請できるものと解される[52]。

　もっとも，特定財産承継遺言による実体法上の権利変動プロセスに関する判例法理（被相続人の死亡により，当該特定財産の所有権が被相続人から受益相続人に相続を原因として直接に移転する）はそのままに，法定相続分を超える部分については対抗要件を備えなければ対抗できないとすること（対抗要件主義の拡張）については判例と異なる帰結を法律（民法899の2①＊）で定めることが，法理上首尾一貫しているかどうかについては，疑問が残される[53]。

　③　**預貯金債権**を目的とする特定財産承継遺言がされた場合，遺言執行者は，対抗要件（民法899の2①＊）を備えるために必要な行為（前述①）のほか，当該**預貯金の払戻請求**および当該**預貯金契約の解約申入れ**をすることもできる（民法1014③本＊）。ただし，解約申入れは，当該預貯金債権の全部が特定財産承継遺言の目的である場合に限る（民法1014③但＊）。預貯金契約の解約および預貯金の払戻しにより，受益相続人以外の共同相続人が不利益を被ることも懸念されるからである。以上の遺言執行者の権限について，被相続人が遺言で別段の意思を表示したときは，それによることになる（民法1014④＊）。

51　堂園＝野口 2019: 117頁も，このことを否定していない。
52　堂園＝野口 2019: 117頁。
53　この点については，後述3(1)iii参照。

なお，預貯金以外の金融商品に対する権利（例えば，信託受益権など）が特定財産承継遺言の目的とされた場合は，遺言者が遺言で別段の意思表示をしていない限り，遺言執行者の権限外であると解される。

④　**遺言執行者の復任権**について，平成 30 年 7 月改正法は，遺言執行者は自己の責任で第三者にその任務を行わせることができ（民法 1016 ①本＊），また，第三者に任務を行わせることにやむを得ない事由があるときは，遺言執行者は選任・監督の責任のみを相続人に対して負うとした（民法 1016 ②＊）。ただし，遺言者がその遺言で別段の意思表示をしたときは，その意思に従う（民法 1016 ①但＊）。

これは，改正前民法 1016 条が，遺言執行者は，やむを得ない事由がなければその任務を第三者に行わせることができない（遺言者が遺言で反対の意思を表示していたときはこの限りでない）として，復任権を制限していた規律を改め，復任権の範囲を拡大したものである。民法 1016 条＊は，結果的に，法定代理人による復代理人の選任権（復任権）の内容（民法 105 ＊）と同様のものになっている。それは，遺言執行者の場合，職務の範囲が広範に及ぶことがあり，単独では処理困難な場合があること，任意代理人と異なり，本人の許諾に当たる相続人全員（および受遺者ならびに受益者）の許諾を得ることが困難な場合が少なくないことを考慮したからである[54]。

Ⅴ　遺言執行者の行為の効果

ア　相続人への効果の帰属

遺言執行者が，その権限内において，遺言執行者であることを示してした行為は，相続人に対して直接に効力を生じる（民法 1015 ＊）。

54　堂園＝野口 2019: 120-121 頁。遺言執行者の地位につき，道垣内ほか 2018: 25-26 頁（沖野眞已）参照。

イ　遺言の執行を妨げる相続人の行為の効力

　遺言執行者がある場合には，相続人は，相続財産の処分など，遺言の執行を妨げる行為をすることができない（民法1013①）。これに反して行われた，遺言の執行を妨害する相続人の行為は**「無効」**であることが明規された（民法1013②本＊）。ただし，この「無効」は，**「善意の第三者」**に対抗することができないものとされた（民法1013②但＊）。

　改正前民法1013条（民法1013①と同じ規律内容で，遺言執行者がある場合には相続人は相続財産の処分など遺言の執行を妨げる行為をすることができないとした）の解釈としては，遺贈の目的不動産を相続人が処分しても，遺言執行者の指定（民法1006①）がある場合には，たとえその就職の承諾（民法1007①，1008参照）前であっても，相続人の処分は無効であるから，受遺者は所有権移転登記を備えていなくても，処分の相手方である第三者に対抗することができると解されていた[55]。これは，遺言執行者の指定を知った相続人が，遺言執行者の就職の承諾前に，まだ移転登記されていない遺贈の目的不動産を抜け駆け的に第三者に処分して移転登記を備え，受遺者に対して優先権を主張する事態を回避するためであると解される。しかし，第三者の側から見ると，遺言の存否・内容，遺言執行者の存在・その管理処分権の範囲などを確実に調査して知る手段はないことから，不公平な立場に立たされる。

　そこで，平成30年7月改正法は，民法1013条1項に違反した相続人の処分行為の無効（民法1013②本＊）は，**「善意の第三者に対抗することができない」**（民法1013②但＊）とし，第三者保護のルールを導入した。第三者は，遺言の存否・内容，遺言執行者の存在・その管理処分権の範囲などを調査して知る手段は制度化されていないことから，調査義務はなく，したがって，無過失までは要求されないと解される[56]。

55　★最判昭和62年4月23日民集41巻3号474頁。
56　二宮2019: 469頁。

2 遺言制度に関する改正

図表III-1 遺言執行者の権利・義務

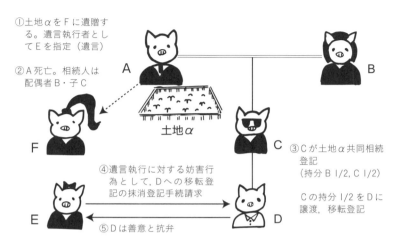

　例えば、Aがその所有する土地 a をFに遺贈し、Eを遺言執行者に指定する旨の遺言をして死亡した場合において、Fが所有権移転登記[57]を得る前に、共同相続人のB（配偶者）およびC（子）のうち、Cが土地 a について共同相続登記（持分は法定相続分に従い、Bが2分の1、Cが2分の1）をし、土地 a のCの持分権2分の1をDに譲渡し、移転登記手続を済ませた場合がある。Fおよび遺言執行者Eは、CD間の土地 a の持分権2分の1の譲渡は、遺言の執行を妨害する行為として無効であると主張し、Dに対して持分権2分の1の移転登記の抹消登記手続を請求することが考えられる。これに対し、Dは遺言執行者Eの存在および土地 a のFへの遺贈について知らなかったこと（善意）を主張・立証することにより、FおよびEの抹消登記手続請求を拒むことができる（図表III-1）。

57　遺贈による所有権移転登記手続は、登記権利者＝受遺者と、登記義務者＝遺言執行者または相続人との共同申請（不登法60）によることになる。

ウ　相続人の債権者および相続債権者による権利行使

　しかし，前述イに述べた民法 1013 条 1 項・2 項＊の定めにかかわらず，相続人の債権者および被相続人の債権者（相続債権者）は，相続財産についてその権利を行使することを妨げられないものとされた（民法 1013 ③＊）。

　例えば，図表Ⅲ-1 の事案で，D が相続人 C の債権者であった場合，D は土地 a に対する C の持分権 2 分の 1 を差し押さえることができる。これに対し，遺言執行者 E や受遺者 F は D の差押えに異議を申し立てたり，差押登記の抹消登記手続を請求することはできない。

　これは，法定相続による権利移転に対する相続人の債権者および相続債権者の期待を法的に保護するものであると解される。

(4)　遺留分減殺請求権から遺留分侵害額請求権へ

i　制度変更の趣旨

　改正前民法 1028 条～ 1044 条は，被相続人が行った一定の贈与（生前贈与，死因贈与）および遺贈が，遺留分（相続財産のうち，兄弟姉妹以外の相続人である配偶者，子，直系尊属のために優先的に留保されるべき財産）を侵害する場合に，遺留分権利者が当該遺贈および一定の贈与の効力を否定して財産を取り戻すことのできる手段として，**遺留分減殺請求権**の制度を認めていた。遺留分権利者が，遺留分を侵害するものと認められた遺贈の受遺者または一定の贈与の受贈者に対して遺留分減殺請求権を行使すると，特定物の全部減殺が必要である場合または目的物が可分であるときは，当該目的物は遺留分減殺請求権を行使した遺留分権利者に帰属し，目的物が不可分で，その一部を減殺すべきときは，遺留分減殺請求権の行使により，当該目的物は遺留分権利者と受贈者または受遺者との共有となり，共有物分割請求によって分割されるものと解された。しかし，こうした帰結は，遺留分減殺請求を受ける受遺者・受贈者が，被相続人の事業を承継する者である場

合には，その事業承継の支障になりうること，共有持分の割合が目的財産の評価額を基準とすることから，複雑な持分割合による共有状態となることなどが問題視されていた。

これに対し，平成 30 年 7 月改正法は，遺留分減殺請求権の制度を，**遺留分侵害額請求権**という金銭の支払請求権（債権）に変更した（民法 1046 ①*，家手法 216 ①［1］*）。これは，遺留分権利者にとっても，権利行使を容易にするというメリットをもつ。もっとも，それは受遺者または受贈者に対する一般債権となる。一方，遺留分侵害額請求を受けた受遺者または受贈者が，ただちに金銭を準備できない場合に備え，受遺者または受贈者の請求により，金銭債務の全部または一部の支払について裁判所が期限を許与することができるものとした（民法 1047 ⑤*）。このような遺留分侵害額請求権の制度の導入により，遺留分権利者が遺留分侵害額請求権を行使しても，贈与および遺贈の目的物が遺留分権利者のものとなったり，受贈者や受遺者との共有関係が発生することはないものとなった。

民法改正前は，遺留分減殺請求権が行使されると，例えば，遺留分減殺請求の対象とされた遺産が，代々受け継がれた家族企業の土地・建物等，不可分の財産であるときは，ただちに遺留分侵害額に応じた共有財産となり（物権的効果の発生），共有物分割手続が必要になり，当該財産を特定の相続人に承継させたいとする被相続人の意思が実現されないことがあった。これに対し，改正後は，たとえ遺留分を侵害する財産処分であっても，それによる権利移転自体が否定されることはなくなった。

もっとも，民法改正前でも，遺留分減殺請求権の行使を受けた受遺者または受贈者は，価額弁償（改正前民法 1041 ①）により，現物返還を免れることはできた。しかし，価額弁償は，遺留分減殺請求権の行使によって現に生じている共有状態をそれによって解消できる手段として付与されたものであるから，改正民法のように最初から金銭の支払請求を受けるにとどまる場合とはやはり異なる。民法改正前は，価額弁償をしない以上，共有状

態を解消できない制度構成であった。

　さらに，遺留分減殺請求権から遺留分侵害額請求権への制度変更は，遺留分を侵害する財産処分自体の意味にも変更を加えることになる。というのも，遺留分侵害の結果発生する遺留分権利者の権利が，金銭の支払請求権であるとすれば，遺留分を侵害する贈与，遺贈などの財産処分による権利移転自体の効力を一部否定する意味の「減殺」がされることは最早ないからである。その結果，遺留分「減殺」請求の用語が遺留分「侵害額」請求の用語に変更されただけでなく，①遺言による相続分の指定および②遺贈が遺留分に反することができないとした規定（改正前民法902但，964但）も削除されることになった。また，③共同相続人の中に被相続人から遺贈または一定の生前贈与を受けた者がある場合，その特別利益を考慮して具体的相続分を算定するが（民法902①・②），これを被相続人が予め免除する意思を表示したときは，「遺留分に関する規定に違反しない範囲内で，その効力を有する」との規定（改正前民法903③）も，「その意思に従う」と修正された（民法903③＊。後述4(6)ⅱ）。このことは，遺言自由の原則の強化を意味し，遺言の利用促進のインセンティブとなりうるものと考えられる。

ⅱ　遺留分侵害額の計算方法

　平成30年改正民法は，遺留分侵害額の計算方法についても，明文規定を設けた（民法1046②＊。図表Ⅲ-2）。それによれば，遺留分侵害額は，つぎのように算定される。

　遺留分侵害額＝
　　①遺留分権利者の個別的遺留分
－　②遺留分権利者が受けた遺贈または贈与
－　③遺留分権利者が具体的相続分に応じて取得する遺産の価額
＋　④遺留分権利者が承継する相続債務の額

2 遺言制度に関する改正

図表 III-2　遺留分侵害額の算定

遺留分侵害額

= ①個別的遺留分（民法 1042＊）

− ②遺留分権利者が受けた遺贈
　　または民法 903①＊に規定する
　　贈与（民法 1046②[1]）

− ③遺留分権利者が具体的相続分
　　に応じて取得する遺産の価額
　　（民法 1046②[2]）

＋ ④遺留分権利者が承継する
　　相続債務（民法 899 による）の額
　　（民法 1046②[3]）

個別的遺留分
　＝〔総体的遺留分〕×〔各自の法定相続分（民法 900，901）〕

〔総体的遺留分〕
　＝〈遺留分を算定するための財産の価額〉
　　×1／3（相続人が直系尊属のみの場合）または
　　×1／2（それ以外の場合）
　　（民法 1042①[1]・[2]＊）

〈遺留分を算定するための財産の価額〉
　＝[1] 被相続人が相続開始時に有した積極財産の価額
　　＋[2] 贈与した財産の総額
　　−[3] 債務の全額（民法 1043＊）

である。①〜④は、それぞれ以下のように算定される。

　①遺留分権利者の個別的遺留分 は、〔総体的遺留分〕×〔各自の法定相続分〕によって計算される（民法 1042＊）。このうち、〔総体的遺留分〕は〈遺留分を算定するための財産の価額〉のうち、相続人が直系尊属のみの場合は、その全員で **3分の1**（民法 1042①[1]＊）、それ以外の場合、つまり、相続人が配偶者または直系卑属の場合は、その全員で **2分の1**（民法 1042①[2]＊）である。また、〔各自の法定相続分〕は、配偶者と子が相続人であるときは、各2分の1であり（民法 900[1]）、子または直系尊属が数人あるときは各自等分となる（民法 900[4]）。子が相続の開始以前

Ⅲ　相続法の改正

に死亡したとき，相続欠格（民法891）または廃除（民法892，893）によって相続権を失ったときは，その子（ただし，被相続人の直系卑属）が相続人（代襲者）となり（民法887②），この代襲者が相続開始以前に死亡，相続欠格または廃除によって相続権を失ったときは，その子（ただし，被相続人の直系卑属）が相続人（再代襲者）となり（民法887③），その相続分は被代襲者の相続分となる（民法901）。

　〈遺留分を算定するための財産の価額〉とは，遺留分の基礎となる財産額ともいわれ，**[1] 被相続人が相続開始時に有した積極財産の価額 ＋ [2] 贈与した財産の総額 － [3] 債務の全額**を意味する（民法1043①＊）[58]。このうち，**[2] 贈与した財産の総額**には，以下のものが含まれることに注意する必要がある。

〈1〉　相続人以外の者に対する贈与については，相続開始前1年間にしたものに限り，その価額を〈遺留分を算定するための財産の価額〉に算入するが，贈与者・受贈者双方が遺留分権利者に損害を加えることを知って贈与をしたときは，1年より前にした贈与も算入する（民法1044①＊［改正前1030と実質的に同じ］）。

〈2〉　相続人に対する贈与は，相続開始前10年間にしたもの（ただし，贈与者・受贈者双方が遺留分権利者に損害を加えることを知って贈与したときは，10年より前にした贈与も算入する）で，かつ婚姻もしくは養子縁組のためまたは生計の資本として受けた贈与の価額に限り，算入する（民法1044③＊）。

〈3〉　受贈者の行為によって目的財産が滅失したり，価格の増減があったときでも，相続開始時において原状のままあるものとみなして，贈与の価額を定める（民法1044②＊，904）。

---

[58]　条件付きの権利または存続期間が不確定の権利は，家庭裁判所が選任した鑑定人の評価に従って決定される（民法1043②）。

〈4〉 負担付贈与がされた場合は，贈与の目的の価額から負担の価額を控除した額となる（民法 1045 ① ＊）。

〈5〉 不相当な対価をもってした有償行為は，当事者双方が遺留分権利者に損害を与えることを知ってしたものに限り，当該対価を負担の価額とする負担付贈与とみなされる（民法 1045 ② ＊）。

②遺留分権利者が受けた遺贈または贈与 とは，遺留分権利者自身が被相続人から受けた遺贈の価額，または婚姻もしくは養子縁組のためもしくは生計の資本として受けた贈与の相続開始時の価額（民法 903 ①）であり，これは遺留分侵害額から控除される（民法 1046 ② ［1］ ＊）。

③遺留分権利者が具体的相続分に応じて取得する遺産の価額 とは，相続開始時に存在する相続財産のうち，遺留分権利者が具体的相続分に応じて取得する遺産の価額であり，これも遺留分侵害額から控除される（民法 1046 ② ［2］ ＊）。**具体的相続分は，〔一般の具体的相続分〕－〔特別受益となる贈与または遺贈の額〕**となる（民法 900 ～ 902，903，904）。

〔一般の具体的相続分〕は，〈みなし相続財産の額〉×〈各自の相続分〉によって計算する（民法 903 ①）。

〈みなし相続財産の額〉とは，**[1] 相続開始時の相続財産の価額＋ [2] 特別受益となる贈与の価額**である（民法 903 ①）。**[1] 相続開始時の相続財産の価額**は，積極財産の価額であるが，これから履行される遺贈の対象となる財産も含まれる。相続債務は法定相続分または指定相続分に従って相続されるから，ここには算入しない。**[2] 特別受益となる贈与**は，すでに相続人に贈与された財産のうち，婚姻もしくは養子縁組のためまたは生計の資本として受けた贈与が，「相続開始の時において有した」価額をもって算入される（民法 903 ①）。一方，**〈各自の相続分〉**は，遺言による相続分の指定があればそれにより（民法 902），それがなければ法定相続分

（民法 900，901）による。

〔一般の具体的相続分〕から〔特別受益となるまたは遺贈の額〕つまり，婚姻もしくは養子縁組のためまたは生計の資本として受けた贈与または遺贈の額を控除した額が，各相続人の具体的相続分となる。

そして，各相続人の具体的相続分に応じて相続開始時に実際に存在する財産（遺贈，生前贈与を除く）を分配した価額が，**具体的相続分に応じて取得する遺産の価額**となる。

④遺留分権利者が承継する相続債務（民法 899 による）の額 は，遺留分侵害額に加算される（民法 1046 ②〔3〕＊）。被相続人の債務は，相続分（指定相続分または法定相続分）に従って算定される（民法 899）。

iii　遺留分侵害額請求の相手方

遺留分権利者及びその承継人は，受遺者または受贈者に対し，遺留分侵害額に相当する金銭の支払を請求することができる。ここでいう「受遺者」には，特定財産承継遺言によって財産を承継しまたは相続分の指定を受けた相続人を含むことに注意する必要がある（民法 1046 ①＊，1047 ①柱書＊）。また，受贈者が受けた贈与とは，遺留分を算定するための財産の価額に算入されるもの（前述 ①遺留分権利者の個別的遺留分 の算定における **〈遺留分を算定するための財産の価額〉** 参照）に限る。

①　受遺者と受贈者とがあるときは，受遺者が先に負担する（民法 1047 ①〔1〕＊）。受贈者よりも遺贈者の方が被相続人の死亡時に近い処分を受けた者だからである。

②　受遺者が複数あるとき，または受贈者が複数ある場合においてその贈与が同時にされたものであるときは，受遺者または受贈者がその目的の価額の割合に応じて負担する。ただし，遺言者がその遺言に別段の意思を表示したときはその意思に従う（民法 1047 ①〔2〕＊）。

③ 同時にされたのではない贈与の受贈者が複数あるときは，後の贈与に係る受贈者から順次前の贈与に係る受贈者が負担する（民法1047①［3］＊）。

これに従って遺留分侵害額を負担する受遺者または受贈者は，遺贈（特定財産承継遺言による財産の承継または相続分の指定による遺産の取得を含む）または贈与（遺留分を算定するための財産の価額に算入されるものに限る）の目的の価額（受遺者または受贈者が相続人である場合は，当該価額から各自の個別的遺留分の額を控除した額）を限度として，遺留分侵害額を負担する（民法1047①柱書＊）。

裁判所は，受遺者または受贈者の請求により，遺留分侵害額請求に対して負担する債務の全部または一部の支払につき，相当の期限を許与することができる（民法1047⑤＊）。

iv 具体例

【例1】 ①Aは生前，子のBに400万円を贈与し（相続開始9年前，Bの婚姻のため。相続開始時の価額は500万円），また，その所有する土地α（相続開始時の時価3500万円）を相続人ではないDに遺贈した。②Aが死亡し，共同相続人は子のBおよびCであった。Aの遺産には，土地α，E銀行への普通預金1000万円，Fに対する債務1000万円があった。この場合，BおよびCはDに対して遺留分侵害額を請求できるであろうか（図表Ⅲ-3）。

〈遺留分を算定するための財産の価額〉は，［1］Aの相続開始時の積極財産（土地αの価額3500万円＋E銀行預金1000万円）＋［2］贈与した財産の総額（相続開始9年前に行われたBへの婚姻のための贈与400万円の相続開始時における価額500万円）－［3］債務の全額（1000万円）＝4000万円となる。

│①Cの個別的遺留分│は，4000万円×1/2×1/2＝1000万円である。Bの個別的遺留分も同じく1000万円である。

│②Cが受けた遺贈または贈与│は，ゼロである。

Ⅲ 相続法の改正

図表Ⅲ-3 遺留分侵害額請求権【例1】

① AがBに400万円贈与
（相続開始9年前、Cの婚姻のため。相続開始時の価額500万円）
AがDに土地α遺贈

② A死亡。
共同相続人は、子B・C
遺産は、土地α（相続開始時の価額3500万円）
E銀行への預金1000万円
Fに対する債務1000万円

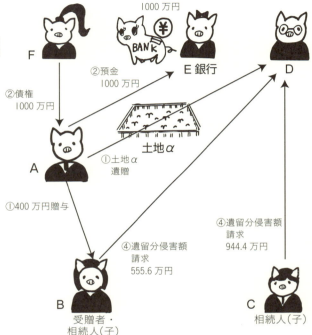

・遺留分の基礎となる財産の価額（民法1043、1044）
　3500万円 + 1000万円 + 500万円 − 1000万円 = 4000万円
・Cの個別的遺留分（民法1042）
　4000万円 × 1/2 × 1/2 = 1000万円
・CのDに対する遺留分侵害額請求権（民法1046、1047①[I]）
　Cの遺留分1000万円 − 特別受益の額0円 − 具体的相続分に応じて取得する遺産の価額555.6万円 + 債務承継額500万円 = 944.4万円
・BのDに対する遺留分侵害額請求権（民法1046、1047①[I]）
　Bの遺留分1000万円 − 特別受益の額500万円 − 具体的相続分に応じて取得する遺産の価額444.4万円 + 債務承継額500万円 = 555.6万円

③Ｃが具体的相続分に応じて取得する遺産の価額 については，〈**みなし相続財産の額**〉が［1］Ａの相続開始時の積極財産（土地 *a* の価額 3500 万円 ＋ Ｅ銀行普通預金 1000 万円）＋［2］特別受益となる贈与（相続開始 9 年前のＢの婚姻のための贈与 400 万円の相続開始時における価額 500 万円）＝ 5000 万円であるから（民法 903 ①），Ｃの〔一般の具体的相続分〕は〈みなし相続財産の額〉(5000 万円)×〈Ｃの法定相続分〉(1/2) ＝ 2500 万円であり，Ｃに特別受益はないから，Ｃが取得すべき具体的相続分は，2500 万円となる。

一方，Ｂが取得すべき具体的相続分は，5000 万円× 1/2 －特別受益となる贈与（婚姻のための 400 万円の相続開始時における価額 500 万円）＝ 2000 万円となる。

実際にＢとＣに配分されうる遺産の価額は，相続開始時に存在する土地 *a*（価額 3500 万円）とＰ銀行への預金 1000 万円のうち，Ｄへの遺贈分を除いた 1000 万円であり，これがＢとＣに具体的相続分に応じて配分される。その結果，Ｃが具体的相続分に応じて取得する遺産の価額は 1000 万円× 2500 万円／(2500 万円＋ 2000 万円) ＝ 555.6 万円，Ｂが具体的相続分に応じて取得する遺産の価額は 1000 万円× 2000 万円／(2500 万円＋ 2000 万円) ＝ 444.4 万円となる。

④Ｃが承継する相続債務の額 は，法定相続分に従い，1000 万円× 1/2 ＝ 500 万円となる。Ｂが承継する相続債務の額も同じく 500 万円である。

Ｃの遺留分侵害額は， ①Ｃの個別的遺留分 － ②Ｃが受けた遺贈または贈与 － ③Ｃが具体的相続分に応じて取得する遺産の価額 ＋ ④Ｃが承継する相続債務の額 であるから，1000 万円－ 0 円－ 555.6 万円＋ 500 万円＝ 944.4 万円となる。

Ｂの遺留分侵害額は，1000 万円－ 500 万円－ 444.4 万円＋ 500 万円＝ 555.6 万円となる。

土地 *a*（相続開始時の時価 3500 万円）の遺贈を受けたＤに対し，Ｃは 944.4 万円の支払請求権を，Ｂは 555.6 万円の支払請求権をもつ。これに

Ⅲ　相続法の改正

対し，Dは裁判所に支払期限の許与を請求することができる（民法1047⑤
＊）。

【例2】　①Aは生前，子のCに180万円を贈与し（相続開始6年前，Cの生
計の資本として。相続開始時の価額は200万円），また，その所有する土地α（相
続開始時の時価3500万円）を配偶者の「Bに相続させる」遺言をした。②A
が死亡し，共同相続人は配偶者のBおよび子のCであった。Aの遺産には，
土地α，E銀行への預金300万円，Fに対する債務200万円があった。こ
の場合，CはBに対して遺留分侵害額を請求できるであろうか（図表Ⅲ-4）。

　〈**遺留分を算定するための財産の価額**〉は，［1］Aの相続開始時の積極
財産（土地αの価額3500万円＋E銀行普通預金300万円）＋［2］贈与した財産
の総額（相続開始6年前に行われたCへの生計の資本としての贈与180万円の相続開
始時における価額200万円）－［3］債務の全額（200万円）＝3800万円となる。
　　①Cの個別的遺留分　は，3800万円×1/2×1/2＝950万円である。
　Bの個別的遺留分も同じく950万円である。
　　②Cが受けた遺贈または贈与　の相続開始時における価額は，200万円
である。
　　③Cが具体的相続分に応じて取得する遺産の価額　については，〈みな
し相続財産の額〉が［1］Aの相続開始時の積極財産（土地αの価額3500万
円＋E銀行普通預金300万円）＋［2］特別受益となる贈与（相続開始6年前のC
の生計の資本としての贈与180万円の相続開始時における価額200万円）＝4000万
円であるから（民法903①），Cの〔一般の具体的相続分〕は〈みなし相続
財産の額〉（4000万円）×〈Cの法定相続分〉（1/2）＝2000万円であり，C
に特別受益となる贈与（相続開始時における価額200万円）があるから，Cが
取得すべき具体的相続分は，1800万円となる。
　一方，Bが取得すべき具体的相続分は，4000万円×1/2－特別受益と

66

2 遺言制度に関する改正

図表III-4 遺留分侵害額請求権【例2】

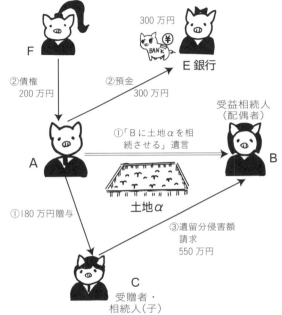

① AがCに180万円贈与
（相続開始6年前、Cの生計の資本として。相続開始時の価額200万円）
Aが「Bに土地αを相続させる」遺言

② A死亡。共同相続人は、
配偶者B・子C
遺産は、
土地α（相続開始時の価額3500万円）
E銀行への預金300万円
Fに対する債務200万円

- 遺留分の基礎となる財産の価額（民法1043, 1044）
  3500万円 + 300万円 + 200万円 − 200万円 = 3800万円
- Cの個別的遺留分（民法1042）
  3800万円 × 1/2 × 1/2 = 950万円
- CのBに対する遺留分侵害額請求権（民法1046, 1047①[1]）
  Cの遺留分950万円 − 特別受益の額200万円 − 具体的相続分に応じて取得する遺産の価額300万円 + 債務承継額100万円 = 550万円

なる土地 a の特定財産承継遺言（遺贈として扱われる。民法 1046 ①柱書＊, 1047 ①柱書＊参照）の相続開始時における価額 3500 万円 ＝ － 1500 万円となり，B の具体的相続分はゼロとなる。

　実際に B と C に配分されうる遺産の価額は，相続開始時に存在する土地 a（価額 3500 万円）と E 銀行への預金 300 万円のうち，B への特定財産承継遺言の分を除いた 300 万円であり，これが B と C に具体的相続分に応じて配分される。その結果，C は 300 万円，B はゼロとなる。

　④C が承継する相続債務の額 は，法定相続分に従い，200 万円 × 1/2 ＝ 100 万円となる。B が承継する相続債務の額も同じく 100 万円である。

　C の遺留分侵害額は，①C の個別的遺留分 － ②C が受けた遺贈または贈与 － ③C が具体的相続分に応じて取得する遺産の価額 ＋ ④C が承継する相続債務の額 であるから，950 万円 － 200 万円 － 300 万円 ＋ 100 万円 ＝ 550 万円となる。

　土地 a の特定財産承継遺言の受益者である B（受遺者として取り扱われる。民法 1046 ①＊）は，特定財産承継遺言（特定財産承継遺言による財産の承継は，相続分の指定による遺産の取得とともに，遺留分侵害額の算定においては，遺贈に含められる。民法 1047 ①柱書＊）の目的である土地 a の価額（相続開始時の時価 3500 万円）から，B の個別的遺留分（前記のとおり 950 万円）を控除した額（2550 万円）を限度として，遺留分侵害額を負担する（民法 1047 ①柱書＊）。

　したがって，C は B に対し，遺留分侵害額請求権として，550 万円の支払請求権をもつ。これに対し，B は裁判所に支払期限の許与を請求することができる（民法 1047 ⑤＊）。

3 法定相続の効果に関する改正

(1) 対抗要件主義の適用範囲の拡大

i 相続による権利移転と対抗要件の必要性

平成 30 年 7 月改正民法は，遺言の利用を促進すべく，自筆証書遺言の成立要件である方式を緩和し，遺言の確実な執行のために遺言執行者の権限を明確にし，遺留分に対する権利を債権的請求権に変更することを通じて遺言の効力を強化し，遺言自由の原則の妥当範囲を拡大した（前述 2）。その一方で，遺言による権利移転の効果について，従来の判例が対抗要件を備えることなしに第三者にも主張できるとしていた，相続分の指定，遺産分割方法の指定ないし遺産に属する特定の財産を特定の相続人に「相続させる」遺言（特定財産承継遺言。民法 1014 ②）[59] による所有権移転も，法定相続分を超える部分については，**対抗要件**[60] を備えなければ第三者に対抗することができないものとした（民法 899 の 2 ＊）。

民法 899 条の 2（共同相続における権利の承継の対抗要件）

① 相続による権利の承継は，遺産の分割によるものかどうかにかかわらず，次条及び第 901 条の規定により算定した相続分を超える部分につい

---

59 この遺言は，法的性質としては，遺産分割方法の指定（民法 908）であり，受益相続人の法定相続分を超える場合は，相続分の指定の効果を伴うものと解釈されている。そして，被相続人の死亡と同時に，何らの行為を要することなく（したがって，遺言執行の余地もない），ただちに受益相続人に所有権が移転し，それは登記を備えることなしに第三者に対抗できると解されていた（★最判平成 3 年 4 月 19 日民集 45 巻 4 号 477 頁，最判平成 7 年 1 月 24 日判時 1523 号 81 頁，最判平成 10 年 2 月 27 日民集 52 巻 1 号 299 頁，最判平成 11 年 12 月 16 日民集 53 巻 9 号 1989 頁，最判平成 14 年 6 月 10 日家月 55 巻 1 号 77 頁）。
60 対抗要件としては，不動産物権の得喪変更に関する登記（民法 177），動産所有権の譲渡などに関する引渡し（民法 178），債権譲渡に関する確定日付ある証書による通知・承諾（民法 467 ②）。なお，債権移転の特例につき，民法 899 条の 2 第 2 項〔後述 vi〕も参照），不動産賃借権に関する登記（民法 605），借地権に関する借地上建物の登記（借地借家法 10 ①），借家権に関する引渡し（借地借家法 31），農地・採草放牧地の賃借権に関する引渡し（農地法 16 ①），法人がする動産・債権の譲渡に関する登記（動産・債権譲渡特例法 3，4），自動車の所有権の得喪に関する登録（道路運送車両法 5 ①）などがある。

ては，登記，登録その他の対抗要件を備えなければ，第三者に対抗することができない。

② 前項の権利が債権である場合において，次条及び第901条の規定により算定した相続分を超えて当該債権を承継した共同相続人が当該債権に係る遺言の内容（遺産の分割により当該債権を承継した場合にあっては，当該債権に係る遺産の分割の内容）を明らかにして債務者にその承継の通知をしたときは，共同相続人の全員が債務者に通知をしたものとみなして，同項の規定を適用する。

　民法899条の2の新設は，一見すると，遺言の利用促進や効力強化と反対の方向性を向いているかに見える。この法改正はなぜ行われたのであろうか。その背景と意義，そして，その射程を探ることが，本節の課題である。

　このことを明らかにするために，相続による権利移転について，対抗要件を備えなくとも第三者に対抗できる場合と，対抗要件を備えなければ第三者に対抗できない場面を整理することから始めよう。

ⅱ　法定相続による法定相続分の取得と対抗要件

　相続人は，相続開始の時（被相続人の死亡時。民法882）から，被相続人の財産に属した一切の権利・義務を承継し（民法896本），相続人が複数あるときは，各共同相続人は「その相続分に応じて」，被相続人の権利・義務を承継する（民法899）。この相続による**法定相続分の取得**は，対抗要件を備えていなくとも，権利取得を第三者に対抗することができる。例えば，Aが死亡し，妻Bと子Cが共同相続したが，CがBとの遺産分割協議書を偽造する等して，Aの遺産に属する土地αについてCが所有権を取得した旨の登記をし，これをDに売却し，D名義に移転登記した場合であっても，Bは，土地αについて共同相続登記（Bの持分権2分の1の登記）を備

図表Ⅲ-5　法定相続による法定相続分についての権利取得と対抗要件

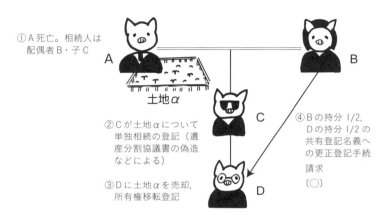

えていなくとも，Dに対し，土地αの登記名義をDとBの共有名義（持分権はD・B各自2分の1）とするよう，更正登記手続を請求することができると解されている（図表Ⅲ-5）[61]。このように，相続による法定相続分の取得は，対抗要件を備えなくとも第三者に対抗できるという意味で，法定相続主義が維持されている。この点は，平成30年7月改正法によっても変更されていない。

iii　遺贈および遺産分割協議による権利取得と対抗要件

これに対し，法定相続分を超える権利の承継については，平成30年7月改正民法により，新たなルールが導入された。すなわち，相続による権利の承継は，遺産分割によるものかどうかにかかわらず，**法定相続分を超える部分の取得**については，登記・登録その他の対抗要件を備えなければ第三者に対抗することができないものとされた（民法899の2①＊）。立法によって導入されたこのルールは，従来の判例を追認する場合と，従来の

61　★最判昭和38年2月22日民集17巻1号235頁。

判例を変更する場合の双方を含んでいる。

　従来の判例を追認するものに当たる場合としては、遺贈による権利取得および遺産分割による権利取得の場合がある。

　例えば、Aがその所有する土地 *a* を配偶者Bに**遺贈**する旨の遺言（遺言執行者の指定はなかったものとする）をし、死亡した場合、Bが遺贈による土地 *a* の所有権取得を登記する前に、Aの子Cが法定相続分（B2分の1、C2分の1）に従って共同相続の登記をし、Cの持分権をDに売却したり、Cの債権者DがCの持分権を差し押さえたときは、BはDに対して自己の所有権取得を対抗することができないと解されている。理由は、Aが死亡して遺贈が効力を発生した時に、Bが遺贈による土地 *a* の所有権取得を登記すればできたにもかかわらず、それをしない間に、第三者Dが現れたときは、民法177条が適用され、Bは遺贈による所有権取得をDに対抗できないからである[62]。したがって、Cの持分権の取得を登記したDに対し、Bが遺贈による権利取得が遺言者Aの死亡時から効力をもつこと（民法985①）を主張して、持分権移転登記の抹消登記手続を請求しても、認められない（図表Ⅲ-6）。

　同様の判例法理は、**遺産分割**による権利取得と対抗要件についても形成されている。例えば、Aが死亡して、配偶者Bと子Cが共同相続し、BとCが遺産分割の協議（または審判）により、Aの遺産に属する土地 *a* についてBが取得する旨の合意をした場合、Bはその旨の登記をしておかなければ、その前にCが土地 *a* について共同相続登記（持分はB2分の1、C2分の1）をし、Cの持分権をDに売却したり、Cの債権者DがCの持分権を差し押さえたときは、BはDに対して自己の権利の取得を対抗することができない（図表Ⅲ-7）。Bは遺産分割が成立した時点で、土地 *a* についてBの法定相続分を超えるCの持分権の取得を登記できたにもかか

62　★最判昭和39年3月6日民集18巻3号437頁。

72

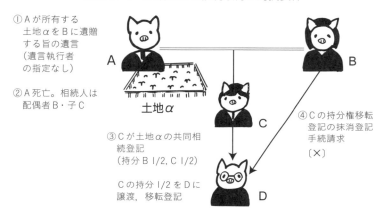

図表III-6 遺贈による権利取得と対抗要件

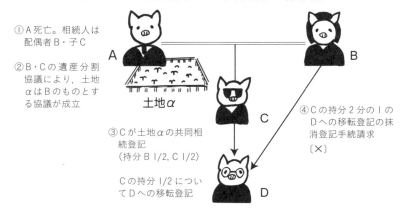

図表III-7 遺産分割による権利取得と対抗要件

わらず，それをしない間に，第三者Dが現れたときは，民法177条が適用され，Bは遺産分割によるCの持分権の取得をDに対抗できないことを理由とする[63]。

---

63 ★最判昭和46年1月26日民集25巻1号90頁。

従来の判例によって形成されたこれらの法理は，平成30年7月改正民法によっても変更されていない。

iv　相続分の指定・遺産分割方法の指定・特定の相続人に「相続させる」遺言による権利取得と対抗要件

　しかし，従来の判例は，相続による権利取得の中でも，相続分の指定，遺産分割方法の指定，特定の財産を特定の相続人に「相続させる」旨の遺言（受益相続人の法定相続分を超える場合は，相続分の指定を伴う遺産分割方法の指定と解されている）によるについては，対抗要件を備えることなしに，第三者に対抗することができると解していた。これらの判例は，平成30年7月改正法による民法899条の2＊の施行（令和元〔2019〕年7月1日）以降は，対抗要件を備えなければ第三者に対抗できないことになった。

　例えば，Aが配偶者Bと子Cの相続分をそれぞれ3分の2および3分の1と指定する旨の**相続分の指定**の遺言をし，死亡した場合において，CがAの遺産に属する土地 a について法定相続分（B2分の1，C2分の1）に従って共同相続の登記をし，Cの持分権をDに売却し，持分権の移転登記手続をしたときでも，BはDに対して持分3分の2の権利取得を主張し，Dの持分権は3分の1である旨の更正登記手続を請求することができると解されていた（図表Ⅲ-8参照）。理由は，遺言による相続分の指定の効果は，相続開始時に遡求し（民法985①），DがCから取得した土地 a の持分権はCの指定相続分（3分の1）にとどまり，それを超える部分は無権利の登記であり，それゆえにBは先に持分権3分の2の取得の登記を備えておかなくとも，第三者に対抗できると解されていたからである[64]。

　同様に，判例は，Aが土地 a を特定の相続人，例えば，配偶者Bに「**相続させる**」旨の**遺言**をし，死亡したときは，相続開始時に土地 a の所有権

64　★最判平成5年7月9日家月46巻5号23頁。

図表Ⅲ-8 相続分の指定による権利取得と対抗要件

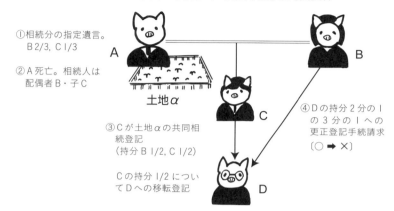

はBに移転することから、その旨をBが登記する前に、共同相続人である子Cが土地αについて共同相続登記（持分はB2分の1、C2分の1）をし、Cの持分権をDに売却して移転登記手続を経たときであっても、BはDに対して土地αの所有権取得を登記なしに対抗することができると解していた（図表Ⅲ-9。理由は、遺産に属する特定の財産を特定の相続人に「相続させる」旨の遺言は、原則として**遺産分割方法の指定**（それが受益相続人の相続分を上回る場合は、相続分の指定を伴う遺産分割方法の指定）であり、当該財産は、何らの行為を要することなく、被相続人Aの死亡と同時にただちに受益相続人Bに承継され、その結果、Dが取得した登記（土地αに対するCの持分権2分の1の取得登記）は無権利の登記にほかならないと解されたからである[65]。

ところが、平成30年7月改正民法により、**遺言による相続分の指定**、**遺産分割方法の指定**、**特定財産承継遺言**（遺産分割方法の指定の一形態として、遺産に属する特定の財産を特定の共同相続人に承継させる旨の遺言。法定相続分を上回る場合は相続分の指定も含む。民法1014②*）、についても、**法定相続分を超え**

---

[65] ★最判平成3年4月19日民集45巻4号477頁、最判平成14年6月10日家月55巻1号77頁。

Ⅲ　相続法の改正

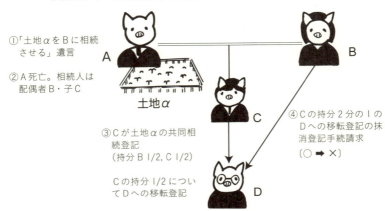

図表Ⅲ-9　特定財産承継遺言による権利取得と対抗要件

①「土地αをBに相続させる」遺言

②A死亡。相続人は配偶者B・子C

③Cが土地αの共同相続登記（持分B1/2, C1/2）

Cの持分1/2についてDへの移転登記

④Cの持分2分の1のDへの移転登記の抹消登記手続請求〔○→×〕

る部分については，対抗要件を備えなければ第三者に対抗することができないものとされた（民法899の2①*）。これは，従来の判例法理を立法によって変更するものである（図表Ⅲ-8および図表Ⅲ-9における④〔○→×〕はこのことを意味する）。これは，不動産についての権利移転のみならず，動産および債権の移転についても妥当する。

　平成30年7月改正法によって新設された民法899条の2*の趣旨は，従来の判例によるとすれば，①遺言による相続分の指定や遺産分割方法の指定，特定財産承継遺言などの有無や内容について必ずしも正確に知ることのできない被相続人の債権者（相続債権者），被相続人の債務者[66]，相続人の債権者等の利益を害するおそれがあること，②登記制度や強制執行制度の信頼を害するおそれがあることである[67]。

---

[66]　遺産に債権が含まれていた場合，債権者の死亡後，債務者は誰に弁済すべきか，各相続人に法定相続分に従って弁済すればよいか，判断に迷うことがありうる。

[67]　例えば，図表Ⅲ-8および図表Ⅲ-9において，Cの債権者Dが，土地αに対するCの法定相続分に従った持分権2分の1を強制執行手続によって差し押さえた場合などが考えられる。従来の判例によれば，Bは登記を備えていなくとも，Dの差押えに対して異議を申し立て，差押登記の抹消登記手続を請求することができた。これは，登記制度や強制執行制度に対する信頼を損なうおそれがある。

76

3　法定相続の効果に関する改正

　このような法改正は，法定相続分を超えない部分については，無遺言の場合とともに，相続分の指定，遺産分割方法の指定および特定財産承継遺言があった場合にも対抗要件の具備を要しないとする一方，法定相続分を超える相続分の指定，遺産分割方法の指定および特定財産承継遺言は，法定相続分を超える部分については対抗要件を具備しなければ第三者に対抗できないとすることにより，法定相続主義を強化したかにもみえる。

　しかし，本条の立法目的は，相続分の指定，遺産分割方法の指定および特定財産承継遺言による権利取得については，法定相続分を超える部分は登記しないと第三者に対抗できないとすることを通じて，その権利取得全体について，できる限り登記するインセンティブを創出することにあると考えられる。したがって，法定相続主義の強化とみるのは妥当でない。この見方は，平成30年7月改正が遺言の利用を促進する方向への制度改革を基調にしていること（前述2参照）とも整合的でない。民法899条の2第1項＊の解釈に際しては，この立法目的を考慮に入れる必要がある。

V　対抗要件主義の射程と相続による権利変動の法理

　民法899条の2＊による判例法理の変更は，対抗要件主義の適用範囲を拡張したものの，従来の判例法理を全面的に否定したものとは解されないことにも注意する必要がある。

　判例は，特定財産承継遺言（その法的性質は遺言による遺産分割方法の指定であり，受益相続人の法定相続分を超える場合は相続分の指定を含む）は，被相続人の死亡により，当該特定財産の所有権が被相続人から受益相続人に相続を原因として直接に移転すると解した[68]。その結果，当該財産が不動産である場合，相続を原因とする所有権移転登記手続（不登法63②）を受益相続人が単独で申請することができる[69]。

68　★最判平成3年4月19日民集45巻4号477頁。
69　昭和47年4月17日甲1441民事局長回答（民事月報27巻5号165頁）。

Ⅲ　相続法の改正

　この帰結は，民法 899 条の 2 ＊によっても変更されないものと解される。というのも，民法 899 条の 2 ＊は，相続分の指定，遺産分割方法の指定ないし特定財産承継遺言がされた場合も含め，遺産に属する財産について法定相続分を超えて権利を取得した者は，対抗要件を備える必要があり，それを怠ると，第三者に対抗できないというサンクションを課したものの，特定財産承継遺言などによる実体法上の権利変動に関しても判例法理を否定したものとは解されないからである。そうであるとすれば，平成 30 年7 月改正法による民法 899 条の 2 ＊の施行後も，特定財産承継遺言がされた場合，対象不動産の受益相続人は，相続を原因とする所有権移転登記手続を単独で申請できるものと解される[70]。

　また，平成 30 年 7 月改正民法は，遺言執行者の権限を明確化するための改正の中で，「遺産の分割の方法の指定として遺産に属する特定の財産を共同相続人の 1 人又は数人に承継させる旨の遺言（以下「特定財産承継遺言」という。）があったときは，遺言執行者は，当該共同相続人が第 899 条の 2 第 1 項に規定する対抗要件を備えるために必要な行為をすることができる」という規定を設けた（民法 1014 ②＊）。特定財産承継遺言による権利移転について，被相続人の死亡により，当該特定財産の所有権が被相続人から受益相続人に相続を原因として直接に移転するとの判例法理は変更されていないとすれば，民法 1014 条 2 項＊により，遺言執行者は不動産が特定財産承継遺言の目的とされているときは，相続を原因とする所有権移転の登記手続を単独で申請できるものと解される[71]。このことは，遺言の利用を促進し，遺言の執行を確実にする一方で，相続が生じた場合に登記を促進するという，いずれも重要な 2 つの政策目的を同時に達成するための方策として，便宜に適っているということができる。

　もっとも，特定財産承継遺言による実体法上の権利変動プロセスとして，

70　堂薗＝野口 2019: 117 頁も，このことを否定していない。
71　この帰結は，立法担当者も認めている（堂薗＝野口 2019: 117 頁）。

被相続人の死亡により，当該特定財産の所有権が被相続人から受益相続人に相続を原因として直接に移転するという法理自体はそのままに，法定相続分を超える部分については対抗要件を備えなければ対抗できないとすること（対抗要件主義の拡張。民法 899 の 2 ①＊）が，法理上首尾一貫しているかが問題になるが，遺贈や遺産分割も相続開始時に遡って効力をもつこと（遡及効。民法 985 ①，909）と共通に捉えうる[72]。

vi　相続放棄による権利取得と対抗要件主義の射程

　従来の判例によれば，共同相続人の 1 人または一部の者が相続放棄（民法 938。家庭裁判所への申述による）をしたために，当該放棄者の相続分を他の共同相続人が取得した場合，それによる権利取得は対抗要件を備えなくとも，第三者に対抗できると解されている。

　例えば，A が死亡し，その共同相続人が子の B および C であった場合に，B が相続を放棄する一方で，A の遺産に属する土地 a について，B の債権者である D が債権者代位権（民法 423＊）を行使して共同相続の登記をし（不登法 59 [7]。持分は法定相続分に従い，B 2 分の 1，C 2 分の 1），B の持分権に対して仮差押えの登記をした場合，C は B の相続放棄により，C が単独で土地 a を相続によって取得した旨を登記しておかなくとも，D に対して登記の抹消登記手続を請求することができる[73]。理由は，①相続の放棄をした者は最初から相続人とはならなかったものとみなされ（民法 939），相続放棄の効果は相続開始時に遡って絶対的効力をもつことから，土地 a に対して B が共同相続によって取得したとされる持分 2 分の 1 の登記は「無権利」の登記になること，②相続放棄できる期間は限られているため

72　前述 iii，iv も参照。潮見 2019: 25 頁は，対抗構成による統一的規律とみる。ただし，遺言執行者がある場合，遺言の執行を妨げる相続人の行為は無効で，善意者のみ保護される（民法 1013 ②＊。前述 2 (3) v イ）。

73　★最判昭和 42 年 1 月 20 日民集 21 巻 1 号 16 頁。なお，相続人の廃除（民法 892，893）についても，同様に考えることができる。道垣内ほか 2018: 15 頁（道垣内弘人）参照。

79

に（原則として，自己のために相続の開始があったことを知った時から3か月以内。民法915①），この間に第三者Dよりも先に対抗要件を備えることを相続人Bに要求するのは困難である（一方，第三者が現れる可能性は少ない）こと，③相続放棄は家庭裁判所への申述によるために，第三者Dが相続放棄の有無を調査することは可能であることによる。

この判例法理は，平成30年7月改正民法によっても変更されていないものと解される。

vii 債権移転の対抗要件に関する特例

相続によって承継された権利が債権である場合につき，民法899条の2は第2項＊で特例を設け，共同相続人の1人が遺言または遺産分割によって法定相続分を超えて当該債権を取得したときは，当該共同相続人（受益相続人）が当該遺言の内容または遺産分割の内容を明らかにして，債務者にその債権の承継の通知（民法467①＊）をすれば，共同相続人の全員が債務者に通知をしたものとみなされるものとした。これも，対抗要件の具備を容易にすることによってそれを促す方策であると考えられる。

(2) 法定相続分に従った債務の承継に対する債権者の期待の保護

平成30年7月改正民法は，被相続人から共同相続人への財産権の承継につき，法定相続分に従った財産権の移転に対する第三者の信頼を保護する規定[74]のみならず，被相続人から共同相続人への債務の承継についても，法定相続分に従った債務の移転に対する被相続人の債権者の信頼を保護する規定も置いた。すなわち，民法902条の2＊を新設し，被相続人の遺言により，**相続分の指定**（民法902①）がある場合においても，**被相続人の**

---

74 民法899条の2＊，1013条2項ただし書＊，1013条3項＊参照。なお，後述(3)も参照。

債権者は，法定相続分（民法 900, 901）に応じて，各共同相続人に対して権利行使することが可能であるとした（民法 902 の 2 本＊）。ただし，その債権者が共同相続人の 1 人に対し，指定相続分に応じた債務の承継を承認したときは，指定相続分によるものとされた（民法 902 の 2 但＊）。

ちなみに，平成 30 年 7 月改正法による民法一部改正前の判例は，「遺言による相続債務についての相続分の指定は，相続債務の債権者〔相続債権者〕の関与なくされたものであるから，相続債権者に対してはその効力が及ばないものと解するのが相当であり，各相続人は，相続債権者から法定相続分に従った相続債務の履行を求められたときには，これに応じなければならず，指定相続分に応じて相続債務を承継したことを主張することはできないが，相続債権者の方から相続債務についての相続分の指定の効力を承認し，各相続人に対し，指定相続分に応じた相続債務の履行を請求することは妨げられない」[75] としていた。民法 902 条の 2 ＊は，この判例法理を明文化したものである。

例えば，A が E から 600 万円の融資を受け，弁済期が到来したが，返済しない間に死亡したとする。A の共同相続人は子 B・C・D の 3 人であったが，A が遺言で B・C・D の相続分をそれぞれ 3：2：1 と指定していた場合，E は B・C・D にそれぞれ 300 万円・200 万円・100 万円の支払を請求することができるのが原則である（民法 899）。E はまた，B・C・D にそれぞれ法定相続分に従い，200 万円ずつ支払請求することもできる（民法 902 の 2 本＊。図表 III - 10 ④）[76]。これは，平成 30 年 7 月改正民法により，相続債権者に新たに付与された権限である。

これに対し，D が自分の相続分は 6 分の 1 であり，100 万円しか支払義務を負わない（民法 899）と主張した場合，E は D の主張を受け容れ，指

75　★最判平成 21 年 3 月 24 日民集 63 巻 3 号 427 頁。
76　E から請求を受けて 300 万円を支払った D は，B に対して 100 万円を求償請求することができる（不当利得の返還請求）。

Ⅲ　相続法の改正

図表Ⅲ-10　相続分の指定がある場合における相続債権者の権利行使

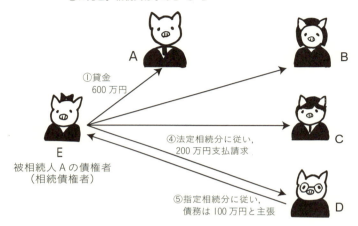

定相続分に応じた債務の承継を承認し，Dに100万円の請求をすることも可能である（民法902の2但＊。図表Ⅲ-10⑤）。この場合，EはB・Cに対し，指定相続分に従い，それぞれ300万円・200万円の支払を請求することができる。相続分の指定により，積極財産もそれに従って共同相続人に配分されるから，共同相続人の責任財産いかんでは，その方がEに有利なこともある。もっとも，このことは民法899条の原則（相続分に応じた「権利義務」の承継）からして当然である。通常は，相続人に相続された積極財産が消極財産の引当て（責任財産）になると考えられるからである。にもかかわらず，あえて民法902の2ただし書＊を設けた趣旨は，相続債権者がいったん指定相続分による債務の承継を承認した場合，それ以後は指定相続分に応じた権利行使しかできない（法定相続分に従い，Dにプラス100万円支払えとはいえない）ことを定めた点にあると解される[77]。

77　堂薗＝野口 2019: 169頁，170頁注2参照。

では，反対に，相続債権者 E が民法 902 条の 2 本文＊に基づき，法定相続分に従って権利行使した後で，指定相続分に従った債務承継を承認することは可能であろうか。民法 902 条の 2 ＊はこれについて直接定めてはいないが，これを認める見解がある[78]。法定相続分に従って支払った相続人の支払額が，当該相続人が指定相続分によって承継した債務額を下回る場合は，信義則に反する事情がない限り，なお承認可能といってよいであろう。先の例で，B から法定相続分に従って 200 万円の支払を受けた E が，指定相続分に従ってさらに 100 万円の支払を求めた場合である。

これに対し，相続債権者が法定相続分に従って権利行使した結果，指定相続分によって承継した債務を上回る履行を受けた後で，指定相続分に従った債務を承認することを認めた場合，①他の相続人にどのように権利行使すべきか，および②指定相続分を超える債務を履行した相続人が他の相続人にどのように求償請求しうるか，この 2 つが問題になりうる。例えば，先の例で，E が D から法定相続分に従って 200 万円の支払を受けた後で，指定相続分に従った債務承継を承認した場合，①E は B に対して，(a) 300 万円の支払を請求できるか（それが認められるときは，E は C に対して残額 100 万円を請求することになる。そうでなければ，E は D に 100 万円を返還したうえで，C に 200 万円請求することになるが，E が D から受領した 200 万円の弁済は有効と解されるから，E はその残額しか請求できないと解すべきであろう），(b) B と C の相続分の比率に従って残額 400 万円を請求すべきか（その場合，B に 5 分の 3 である 240 万円，C に 5 分の 2 である 160 万円を請求すべきことになる），(c) いったん法定相続分に従って D に請求した以上，E は B・C に対しても法定相続分に従い，それぞれ 200 万円ずつ請求すべきか，解釈が分かれうる。民法 902 条の 2 ＊が，相続債権者の利益を図るべく権限を与えたものであるとすれば，E は，信義則に反する事情がない限り，その選択に

78　堂園＝野口 2019: 171 頁。

従い，(a)・(b)いずれの方法もとりうると解すべきであろうか。

また，②自己の指定相続分を超えて弁済したDがB・Cに求償請求できる額が，(a)B・Cが実際にEに支払った額に応じ，①(a)の場合でいえばそれぞれ0円・100万円か，(b)B・Cの指定相続分の比率に従い，それぞれ60万円・40万円か，(c)それぞれ平等に50万円ずつかも，解釈の余地がある。求償の循環を生じさせないようにするためには，(a)が妥当であろう。もっとも，B・CがEの支払請求に応じない場合や，求償に応じるべきB・Cの資力に問題がある場合は，(b)または(c)がDに有利な場合もある。B・CがAから取得した積極財産の額に鑑みて公平を図るとすれば，(b)が妥当であろう。

(3) 法定相続による権利・義務の移転に関する改正民法の特色

平成30年7月改正民法は，相続による権利・義務の移転のうち，まず，権利の移転に関しては，前述(1)で概観したように，法定相続分を超えない部分については，対抗要件を備えることなしに第三者に対抗できるとの判例法理を維持しつつ，法定相続分を超える部分については，従来の判例法理が対抗要件を必要としていた遺贈（遺言執行者がない場合）や遺産分割による場合のみならず，①従来の判例法理が対抗要件を備えることなしに権利取得を認めていた遺言による相続分の指定，遺産分割方法の指定ないし特定財産承継遺言による財産承継の場合にも，対抗要件を備えなければ第三者に対抗できないとした（民法899の2＊。図表Ⅲ-11参照）。また，②遺贈などの遺言による財産処分が行われ，かつ遺言執行者がある場合であっても，それに反する処分の無効は善意の第三者に対抗することができず（民法1013②但＊），さらに，③相続人の債権者および被相続人の債権者（相続債権者）は，法定相続分に従い，相続人が承継した財産を差し押さえるなど，権利行使することを妨げないものとした（民法1013③＊）[79]。

84

3 法定相続の効果に関する改正

図表 III -11　相続による権利取得と対抗要件

	民法改正前	民法改正後	改正民法
法定相続による法定相続分の取得	×	×	民法 899
遺贈 （遺言執行者がない場合）	○	○	民法 899 の 2
遺贈 （遺言執行者がある場合）	×	※	民法 1013 ②
相続分の指定	×	○	民法 899 の 2
遺産分割方法の指定ないし特定財産承継遺言	×	○	民法 899 の 2
遺産分割	○	○	民法 899 の 2
相続放棄，相続人廃除	×	×	民法 939

出典：筆者作成。

○：対抗要件必要
×：対抗要件不要
※：善意の第三者には対抗できない

　これらの改正（前記①〜③）は，法定相続分については相続による権利移転の効果（法定相続主義）をしっかりと維持する一方で，法定相続分を超える部分については，遺言による権利移転の効果に制限を課すものであり，前節でみた遺言の利用促進や効力強化の方向性（前述2）と一見矛盾するかにもみえる。しかし，それらの改正は，遺言による権利取得にも対抗要件，とくに不動産登記を備えることを権利取得者に促すという政策的背景をもつものと解される[80]。そのことは，法定相続の効果を前提にして相続

79　その際，相続人の債権者や被相続人の債権者（相続債権者）は，当該相続人の法定相続分を，他の相続人が遺贈，遺産分割，相続分の指定，遺産分割方法の指定ないし特定財産承継遺言によって取得していても，その対抗要件を備えていない限り，法定相続分について権利行使が可能である（民法 899 の 2 ①＊）。

80　近時問題となっている所有者不明土地の発生原因は，主として相続が生じても速やかに登記がされないことにあるとみられており，相続による登記を促進する方策が議論されている。国土交通省「平成 28 年度地籍調査における土地所有者等に関する調査」。土地白書（平成 30 年版）114 頁図表 3-1-1 参照。

人と取り引きした相手方，相続人の債権者，被相続人の債権者（相続債権者）などの第三者の期待の保護にも通じる。遺言の自由の拡大も，こうした登記の促進や第三者保護に関する法政策との調整が必要かつ可能である。なぜなら，第三者にとっては一般的に知りえない遺言による権利変動について公示を促すことは，遺言の自由を制度的に安定したものとする効果をもちうると考えられるからである。

　つぎに，義務の移転，すなわち，被相続人の債務（相続債務）の承継に関しても，前述(2)で確認したように，遺言による相続分の指定があれば指定相続分に従って債務も承継される（相続分の指定がなければ法定相続分に従って承継する）との原則（民法899）を承認し，それに立脚しつつ，「相続分の指定がされた場合であっても」，相続債務の債権者（相続債権者）は，各共同相続人に対し，法定相続分に従ってその債権を行使することもできるとした（民法902の2本＊）ものと解しうる。すなわち，民法902条の2は，法定相続分に従った債務の承継に対する相続債権者の期待の保護を確保しつつ，相続債権者の承認を要件に，被相続人の遺言による相続分の指定に従った相続債務の承継の原則を可能にしたものとみることもできる。

　このように，平成30年7月改正民法は，相続による権利の取得についても，義務の承継についても，法定相続分を基本にして権利・義務の承継ルールを再編しているようにも見受けられる。しかし，それはけっして遺言の自由を否定したり，制限する趣旨のものではない。むしろ，公示されない遺言によって第三者が不測の損害を被ることを回避することにより，遺言の自由を制度的に安定したものとすることが図られているとみるべきであろう。

4 遺産分割に関する改正

(1) 遺産分割に関する改正内容

遺産分割は，共同相続人による権利・義務の承継が円滑に進むか否かを実質的に左右する，最も重要なプロセスである。共同相続人の間では，しばしば利害対立が衝突し，遺産分割が速やかに進まない場合もある。どのようにして円滑かつ公平な遺産分割を実現するか，それを促すための法制度の役割が重要になる。

平成30年7月改正法は，遺産分割に関連する改正として，①遺産分割前における預貯金の払戻し制度の創設，②遺産分割前の遺産の処分の効果に関する規定の明確化，③遺産の一部分割に関する規定の整備，④特別寄与者の制度の創設，⑤婚姻期間が長期にわたる夫婦間で居住用不動産の贈与などが行われた場合に，いわゆる特別受益の持戻し免除の意思表示がされたものと推定する規定の新設を行った。以下，順次検討する。

(2) 預貯金債権の行使による預貯金払戻し制度の創設

i 制度創設の背景

共同相続人の間では，遺産分割が成立するまでの間に，被相続人の債務の弁済，葬儀費用の支出，被相続人死亡後の当面の生活費の確保など，様々な資金需要が生じる。そこで，そうした需要に可能な限り迅速に対応しつつ，遺産分割を円滑かつ公平に進める必要がある。そのためには，遺産に属する預貯金債権を行使して，預貯金を払い戻すことが考えられる。一般に，遺産に属する可分債権は，遺産分割を待つまでもなく，相続開始と同時に共同相続人に当然分割帰属するものと解されている。貯金債権について，かつてそのように解釈した判例もある[81]。

Ⅲ　相続法の改正

図表Ⅲ-12　遺産に属する預貯金債権と遺産分割に関する判例

★最大決平成28年12月19日民集70巻8号2121頁
　共同相続された普通預金債権・通常貯金債権・定期貯金債権は，相続開始と同時に相続分に応じて当然に分割されない＝遺産分割の対象になる）
＝従来の判例（★最判平成16年4月20日裁民214号13頁〔貯金債権に関する〕ほか）を変更

★最判平成29年4月6日判タ1437号67頁
　共同相続された定期預金債権・定期積金債権は，相続開始と同時に相続分に応じて当然に分割されない＝遺産分割の対象になる）

　しかし，平成28（2016）年12月，最高裁はこの判例を変更し，共同相続された普通預金債権・通常貯金債権・定期貯金債権は，相続開始と同時に相続分に応じて当然に分割されず，遺産分割の対象になるものとした[82]。続いて，共同相続された定期預金債権・定期積金債権についても，相続開始と同時に相続分に応じて当然に分割されず，遺産分割の対象になることも認めた（図表Ⅲ-12）[83]。預貯金債権は流動性が高く，簡易な決済手段として，現金と類似性をもつために，遺産分割における調整財産に用いられることが期待されるからである。その結果，現在の判例によれば，預貯金債権は遺産に含まれず財産として共同相続人による**準共有**（民法264）の状態となり，共同相続人全員の同意よるか，遺産分割されるかしなければ，これを行使して払戻しをすることができない[84]。

　こうした状況の下，平成30年7月改正民法は，共同相続人の緊急の資金需要に迅速に応える一方で，遺産分割における調整財産として用いるこ

81　★最判平成16年4月20日裁民214号13頁。
82　★最大決平成28年12月19日民集70巻8号2121頁。
83　★最判平成29年4月6日判タ1437号67頁。
84　共同相続人は，預貯金債権の準共有持分権を第三者に譲渡したり，共同相続人の債権者が準共有持分権を差し押さえることはありうる。その場合，準共有持分権を取得した第三者は，（準）共有物の分割請求（民法256，258）によって権利行使することになる。

とをも可能にするために，民法909条の2＊を新設し，遺産分割前においても，各共同相続人が，一定の限度で，預貯金債権を各自単独で行使して預貯金の払戻しを受けること（本来ならば，準共有債権の変更・処分に当たるゆえに，民法264・251により，準共有者全員の同意を要する）を可能とする制度を創設した。つまり，民法909条の2前段＊は，準共有物の持分権に基づく権利行使に関して，民法264条・251条の特則としての意味を持つ[85]。

ii　各共同相続人が単独で預貯金債権を行使するための要件

それによれば，共同相続人は，各自が，①遺産に属する**各々の預貯金債権**のうち，**相続開始時の債権額の3分の1**に各自の法定相続分（民法900, 901）を乗じた額で，かつ②標準的な当面の必要生計費，平均的な葬式の費用の額その他の事情を勘案して，預貯金債権の**債務者**ごとに法務省令で定める額（法務省令平成30年29号により，**150万円**）を限度として，単独で権利行使（払戻し）をすることができるものとした（民法909の2前段＊）。各共同相続人は，他の共同相続人の同意も，家庭裁判所の許可も受ける必要はなく，単独で払戻しを受けることが可能である[86]。

もっとも，①各々の預貯金債権ごとの限度（相続開始時の債権額の3分の1×払戻しを求める各共同相続人の法定相続分）と，②各々の債務者（金融機関）ごとの限度（1つの金融機関＝債務者に複数の預貯金口座がある場合も含め，その全体

85　また，民法909条の2後段＊は，遺産分割前における遺産に属する財産処分の効果に関して，民法906条の2の特則の意味をもつ（後述(3)参照）。さらに，民法909条の2後段＊は，遺産の一部分割として，民法907＊の特則としての意味ももつ（後述(4)参照）。

86　なお，預貯金債権に対する共同相続人の準共有持分権を取得した第三者（前注参照）が，この払戻しの権利を行使することはできないものと解される。なぜなら，民法909条の2＊が各々の共同相続人に認めた預貯金債権の行使による払戻しは，共有物の変更・処分に当たることから，本来ならば民法251条に従って共有者全員の同意を要するのが原則であるにもかかわらず，相続債務の弁済，被相続人の葬儀費用，共同相続人の当面の生活費など，共同相続人自身の資金需要に応じるために，民法251条の特則としての民法909条の2が特に付与した権限（その意味で，一身専属的権限）であり，共同相続人以外の者が行使することを予定していないと解されるからである。

Ⅲ　相続法の改正

図表Ⅲ-13　遺産分割前における預貯金債権の単独行使

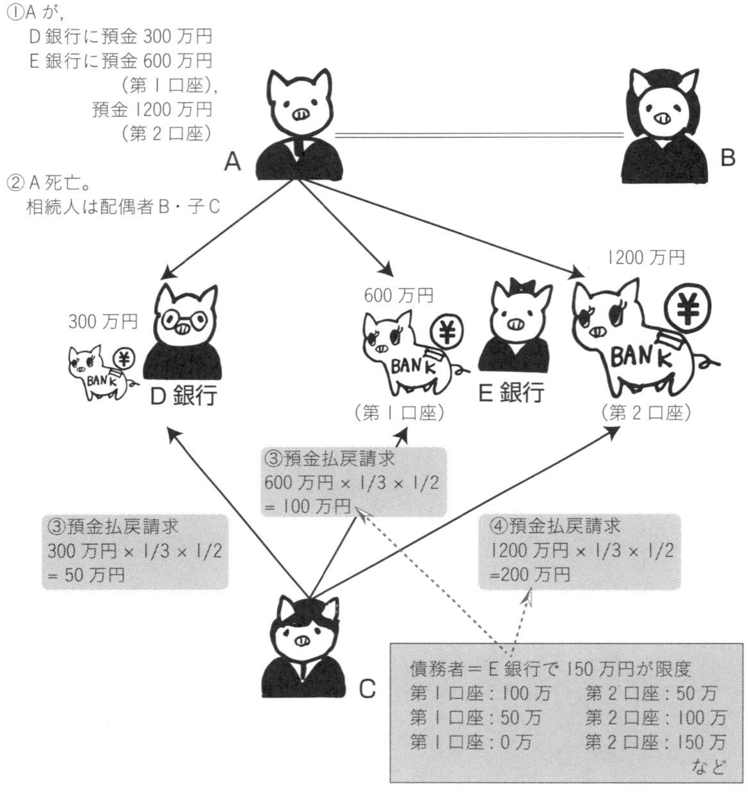

①A が,
　D 銀行に預金 300 万円
　E 銀行に預金 600 万円
　　　（第 1 口座），
　　　預金 1200 万円
　　　（第 2 口座）

②A 死亡。
　相続人は配偶者 B・子 C

300 万円

D 銀行

600 万円

E 銀行
（第 1 口座）

1200 万円

（第 2 口座）

③預金払戻請求
600 万円 × 1/3 × 1/2
＝ 100 万円

③預金払戻請求
300 万円 × 1/3 × 1/2
＝ 50 万円

④預金払戻請求
1200 万円 × 1/3 × 1/2
＝ 200 万円

C

債務者＝ E 銀行で 150 万円が限度
第 1 口座：100 万　　第 2 口座：50 万
第 1 口座：50 万　　第 2 口座：100 万
第 1 口座：0 万　　第 2 口座：150 万
　　　　　　　　　　　　　　　　など

で 150 万円）という，2 つの制限が課されていることに注意する必要がある。

　例えば，A が D 銀行に預金 300 万円，E 銀行に預金 600 万円（第 1 口座）
および預金 1200 万円（第 2 口座）をもっていたとする。A が死亡し，相続
人は配偶者 B と子 C であった。この場合において，C が各預金口座およ
び各銀行から払戻しを受けることのできる金額は，① D 銀行の 300 万円
の預金口座から，300 万円 × 1/3 × 1/2 ＝ 50 万円，② E 銀行の 600 万円
の第 1 口座から，600 万円 × 1/3 × 1/2 ＝ 100 万円，同じく 1200 万円の

図表Ⅲ-14　法定相続情報証明制度

制度の趣旨	相続に伴って必要となる不動産の登記（相続登記），預貯金の払戻しなどの各種の手続を容易にし，相続人と相続によって必要となる手続を行う機関の双方の負担を軽減するために，相続人の申請に応じて，法務局が，被相続人が死亡したこと，相続人の範囲と法定相続分などに関する情報を証明する制度（平成29〔2017〕年5月29日運用開始） 　本制度を用いて発行される，登記官の認証文付きの「法定相続情報一覧図」の写し（複数枚発行可能）を用いて，相続登記，預貯金の払戻しなどが可能
制度利用が可能な者（申出人）	相続人。被相続人が不動産をもっていなかった場合（例えば，遺産が預貯金のみの場合）でも利用可能
申請の代理	可能。法定代理人，民法上の親族，または資格者代理人（弁護士，司法書士，土地家屋調査士，税理士，社会保険労務士，弁理士，海事代理士，および行政書士）
管轄法務局	被相続人の本籍地もしくはその最後の住所地，申出人たる相続人の住所地，または被相続人名義の不動産の所在地を管轄する法務局
法務局に提出すべき書類	①　被相続人の出生から死亡するまでの連続した戸籍謄本および除籍謄本 ②　被相続人の住民票の除票（被相続人の住民票の除票が市区町村で廃棄されているなどで取得できない場合は被相続人の戸籍の附票） ③　相続人全員の現在の戸籍謄本または抄本（加えて，法定相続情報一覧図に相続人の住所を記載する場合は，各相続人の住民票記載事項証明書〔住民票の写し〕） ④　本人確認書類（マイナンバーカードの表面のコピー，運転免許証のコピー，住民票記載事項証明書〔住民票の写し〕など） ⑤　前記①～④の記載に基づく法定相続情報一覧図（被相続人の氏名，最後の住所，最後の本籍，生年月日，死亡年月日，および相続人の氏名，住所，生年月日，続柄。雛型あり）

出典：筆者作成。

第2口座から，1200万円×1/3×1/2＝200万円が限度となるが，E銀行＝債務者全体で150万円の払戻しが限度であるから，Cは第1口座から100万円，第2口座から50万円の払戻しを受けることもできるし，第1口座から50万円，第2口座から150万円，あるいは第2口座から150万円の払戻しを受けることもでき，いずれにするかは，Cが選択できる（図表Ⅲ-13）。

　これら2つの観点からの制限は，一方では，遺産分割成立前であっても各共同相続人に他の共同相続人の同意や裁判所の許可を要することなく，

簡易かつ迅速な預貯金の払戻しを可能にすること，他方では，共同相続人
間の公平な遺産分割を実現すること，この両者の要請を両立させるための
調整弁と理解することができる。

　各共同相続人は，預貯金口座のある金融機関の窓口で，前述した要件に
従い，被相続人が死亡したこと，および相続人の範囲と自己の法定相続分
を確認できる資料を提示して，払戻しを請求することになる。具体的には，
①被相続人の除籍謄本，戸籍謄本または全部事項証明書（出生から死亡まで
の連続したもの），②相続人全員の戸籍謄本または全部事項証明書，および
③本人確認書類（印鑑証明書など）を準備する必要がある。

　あるいは，「法定相続情報証明制度」（図表Ⅲ-14）を利用し，法務局で認
証を受けた**法定相続情報一覧図**を提示して，①・②の書類に代えることが
できる。

iii　各共同相続人による預貯金債権の単独行使の効果

　この払戻し制度を用いて各共同相続人が払い戻した預貯金は，当該共同
相続人が遺産の一部分割によって取得したものとみなされ（民法909の2後
段＊），遺産分割に組み入れられる。この預貯金の払戻しを「遺産の一部
の分割」によって取得したものとみなす民法909条の2後段＊は，①遺
産分割前の財産処分に関する民法906条の2＊（後述(3)参照）および②遺産
の一部分割に関する民法907条＊（後述(4)参照）の特別法に位置づけられる。

　実際の遺産分割に際しては，預貯金の払戻しを受けた共同相続人が払戻
額を遺産分割によって取得したものとして，遺産分割の対象となる財産に
いったん組み入れ（相続開始時に実際に存在した財産），各自の具体的相続
分[87]に応じて分配額を計算し，分配する。その結果，具体的相続分より
も分配額が少なかった共同相続人は，預貯金の払戻しを受けた他の共同相

87　各自の具体的相続分は，〈みなし相続財産の額〉×〈各自の相続分〉─〔特別受益となる贈
　　与または遺贈〕によって算定される（民法900〜902，903，904。前述2(4)ⅱ③参照）。

続人に対し，**代償金請求権**を取得する。

先の例によれば，Aの相続人Cのみが，A死亡後に，預貯金債権を行使して，D銀行から50万円，E銀行から150万円，合計200万円の支払を受けたとする。Aには他に遺産がなかったとすれば，Bの具体的相続分は（300万円 + 600万円 + 1200万円）× 1/2 = 1050万円，Cの具体的相続分も同じく1050万円である。遺産分割時に実際に存在する遺産はD銀行の預金250万円 + E銀行の預金合計1650万円 = 1900万円であるから，このうち，すでに合計200万円の払戻しを受けたCに850万円，Bに1050万円が分配される。

また，同じ例で，Aが生前Cに対して生計の資本として2000万円を贈与していた場合（その贈与の相続開始時の価額も2000万円とする），Bの具体的相続分は（300万円 + 600万円 + 1200万円 + 2000万円）× 1/2 − 2000万円 = 50万円，Cの具体的相続分は（300万円 + 600万円 + 1200万円 + 2000万円）× 1/2 = 2050万円である。遺産分割時に実際に存在する遺産は1900万円であるから，これはすべてBに分配され，さらにBはCに対して150万円の代償金請求権を取得することになる。

もっとも，この例にも示されているように，代償金請求権が発生する場面は，民法909条の2＊に基づいて預貯金債権を単独行使して払戻しを受けた共同相続人が，実は被相続人から生計の資本として（または婚姻もしくは養子縁組のために）多額の贈与を受けていたり，遺贈を受けていて，具体的相続分がほとんどない場合などに限られる。これは，預貯金の払戻しの要件が，前述したように，制限されていることの帰結である。

iv さらなる資金が必要な場合

この預貯金払戻し制度における前記制限を超えて，しかも遺産分割成立前に預貯金の払戻しが必要な場合もある。そのために，すでに家事事件手続法200条2項は，共同相続人が家庭裁判所に対して遺産分割の調停ま

たは審判を申し立てた場合において，遺産分割の審判事件を本案とする保全処分として，**「急迫の危険を防止するため必要があるとき」**という要件の下で，**仮分割の仮処分**による預貯金の払戻しを認めている。

平成 30 年 7 月改正法は，この家事事件手続法 200 条 2 項の要件を緩和する形で，同じく家庭裁判所に遺産分割の調停または審判の本案が係属していることを要件として（本案係属要件），新たに家事事件手続法 200 条 3 項＊を設けた。すなわち，家庭裁判所は，**「相続財産に属する債務の弁済，相続人の生活費の支弁その他の事情」**により，遺産に属する預貯金債権を行使する必要があると認めるときは，他の共同相続人の利益を害しない限り，遺産に属する特定の預貯金債権の「全部又は一部」を申立人に仮に取得させることができる（家手法 200 ③＊）。

(3) 遺産分割前の財産処分の効果

相続開始後，遺産分割成立前に，共同相続人が他の共同相続人の同意を得ずに，遺産に属する財産を処分した場合は，公平な遺産分割をすることがしばしば困難になる。もっとも，それが先に述べた預貯金債権の単独行使が認められる要件（前述(2)ⅱ参照）の範囲内で行われていれば，その後の遺産分割に及ぼす影響は少なく，払戻しを受けた共同相続人が多額の特別受益を得ていた場合でも，比較的少額の代償金請求で公平を確保することができる（前述(2)ⅲ参照）。

これに対し，例えば，共同相続人が法律上認められた手続によらずに，遺産に属する財産を処分してしまったときは，公平な遺産分割を実現することが難しくなる。これは，自己の資格を証明しなくとも，被相続人の財産について権利行使できる場合に起こりうる。例えば，共同相続人の 1 人が，被相続人の預金通帳と届出印を用いて，被相続人の名で，預金の払戻しを受けた場合，同じく被相続人のキャッシュカードと暗証番号を用い

て，現金自動支払機（ATM）から預金を引き出した場合などである。

共同相続人の1人によるこれらの行為が，遺産分割にどのような影響を与えるか，明確な規定は存在しなかった。これらの場合は，預貯金債権の単独行使が認められる場合（前述(2)）に当たらないことから，その効果に関する規定（民法909の2後段＊）も適用されない。そこで，平成30年7月改正民法は，この場合についても規定を設け，その効果を明らかにすることにした（民法906の2＊）。これは，遺産分割前に遺産に属する財産が処分された場合の効果についての原則を規定するものであり，法律が各共同相続人に預貯金債権の単独行使を認めた場合の効果（民法909の2後段＊）はその特則になる。

　民法906条の2（遺産の分割前に遺産に属する財産が処分された場合の遺産の範囲）
　①遺産の分割前に遺産に属する財産が処分された場合であっても，共同相続人は，その全員の同意により，当該処分された財産が遺産の分割時に遺産として存在するものとみなすことができる。
　②前項の規定にかかわらず，共同相続人の1人又は数人により同項の財産が処分されたときは，当該共同相続人については，同項の同意を得ることを要しない。

本条により，共同相続人は，遺産分割前に遺産に属する財産が処分された場合でも，それが遺産分割時に存在するものとみなして，分割の対象となる遺産に含めて計算し，各共同相続人がその具体的相続分に応じて取得すべき価額を計算することにより，遺産分割手続を進めることができる。そして，処分された財産が処分をした共同相続人に分配されたものとみたうえで，それが処分をした共同相続人にその具体的相続分に応じて分配されるべき価額を超えているときは，その分について代償金支払義務を認め

ることができる[88]。民法906条の2第1項＊はその内容を計算する基準となりうる。

　この計算をするに際しては，共同相続人の「全員の同意」が必要である（民法906の2①＊）[89]。しかし，遺産を処分した共同相続人の同意を得ることは必要でない（民法906の2②＊）。処分された財産が遺産分割時に存在するものと擬制する理由が，共同相続人間で公平な遺産分割を実現するためであるから，妥当である。

　遺産分割前に遺産に属する財産を第三者が処分した場合にも，民法906条の2＊は適用される。その場合には，共同相続人全員の同意が必要になる（民法906の2①＊）。なお，遺産に属する財産を第三者が処分した場合には，共同相続人に帰属する財産の侵害として，共同相続人は第三者に対して不当利得返還請求権または不法行為を理由とする損害賠償請求権をもつ[90]。

(4)　遺産の一部分割

　遺産分割手続の実務では，平成30年7月改正法以前にも，遺産の一部分割は行われていた。例えば，①当事者（共同相続人）が，遺産の一部の分割のみを希望し，残余遺産については分割を希望していない場合（審判事件は終了する），②家庭裁判所が，「家事審判事件の一部が裁判をするのに熟したとき」（家手法73②）に当たると判断した場合において，一部審判とし

88　なお，共同相続人全員の同意なしに遺産を処分した共同相続人に対し，他の共同相続人は，不当利得の返還請求または不法行為を理由とする損害賠償請求をすること（民事訴訟）も可能であると解される。もっとも，その損失額または損害額の算定方法については，解釈の余地がある。処分した共同相続人に対し，他の共同相続人は，処分された財産の共有持分権ないし準共有持分権の侵害を理由に，各自の相続分に応じて計算して請求することが考えられる。

89　この同意も意思表示であるから，いったん行われた以上，錯誤，詐欺または強迫による取消事由（民法95，96）などの失効原因がないかぎり，一方的に撤回することはできないものと解される。堂薗＝野口2019: 99頁。

90　各共同相続人は，処分された財産に対する共有持分権ないし準共有持分権の侵害を理由に，各自の相続分に応じて損失額または損害額を算定して請求することが考えられる。

96

て一部分割の審判を行う場合（審判事件は残余遺産について引き続き係属している）などである[91]。もっとも，平成30年7月改正前の民法は，共同相続人が遺産の一部分割をしたり，一部分割を請求することができるかどうかについて，明文規定を置いていなかった。

　そこで，民法907条＊は，協議分割および裁判分割のいずれの場面においても，一部分割および一部分割請求が可能であることを明示した（下記引用の下線は引用者による）。

　民法907条（遺産の分割の協議又は審判等）
　①共同相続人は，次条の規定により被相続人が遺言で禁じた場合を除き，いつでも，その協議で，<u>遺産の全部又は一部の分割をすることができる</u>。
　②遺産の分割について，共同相続人間に協議が調わないとき，又は協議をすることができないときは，各共同相続人は，<u>その全部又は一部の分割を家庭裁判所に請求することができる</u>。ただし，<u>遺産の一部を分割することにより他の共同相続人の利益を害するおそれがある場合におけるその一部の分割については，この限りでない</u>。
　③前項本文の場合において特別の事由があるときは，家庭裁判所は，期間を定めて，<u>遺産の全部又は一部について，その分割を禁ずることができる</u>。

　協議分割においては，被相続人が遺言で相続開始時から5年を超えない期間を定めて遺産分割を禁止した場合（民法908）を除き，すべての共同相続人が合意した以上，一部分割を否定する理由はない（民法907①＊）。
　裁判分割においては，被相続人が遺言で禁じた場合（民法908）のほか，

91　堂薗＝野口 2019: 89 頁参照。

さらに2つの場合に，一部分割請求が否定される。①遺産の「一部を分割すること」により，「他の共同相続人の利益を害するおそれがある場合」（民法907②但＊），および②①に当たらない場合であっても，「特別の事由」があるときは，「期間を定めて」遺産の全部または一部の分割を禁じることができる（民法907③＊）。

このうち，②「特別の事由」がある場合（民法907③＊）は，全部分割と一部分割に共通の分割禁止事由であり，それ自体としては，平成30年7月改正前民法の旧907条3項が定めていた事由である。「特別の事由」とは，例えば，共同相続人が誰であるか確定していない場合（相続欠格に当たるか，親子関係があるかなどが係争中である場合など），共同相続人が全員幼少である場合，遺産の状態が即時の分割に適していない場合（遺産に債務整理中の財産，成熟前の農産物などが含まれている場合）などが挙げられる[92]。これらの場合，家庭裁判所は期間を定めて分割禁止の審判を行うことになる。

これに対し，前記①一部分割が「他の共同相続人の利益を害するおそれがある場合」（民法907②但＊）は，一部分割に特有の分割禁止事由であり，これに当たると判断される場合，家庭裁判所は一部分割請求を不適法として却下すべきことになる。

例えば，Aが死亡して配偶者Bと子Cが共同相続人である場合において，Aの遺産は土地aと建物β（AとBの居住用不動産。相続開始時における価額2000万円）および土地γ（同1000万円）であり，Aが生前Bに生活の資本として1000万円（その相続開始時における価額も1000万円とする）を贈与していた。この場合，Bの具体的相続分は，（相続開始時における土地a・建物βの価額2000万円＋同じく土地γの価額1000万円＋同じくBがかつて生活の資本として受けた贈与1000万円）×Bの相続分1/2－特別受益に当たる贈与1000万円＝1000万円である。Cの具体的相続分は，2000万円である。Bが長年Aと

92　谷口＝久貴編 1989: 379-380 頁（伊藤昌司）。

居住してきた「土地 α および建物 β」を B に一部分割すべき旨を C に請求したが，C がこれに応じなかったことから，B はその旨の一部分割を求めて家庭裁判所に申し立てたとする。C はこの一部分割を認めた場合，仮に B が土地 γ（1000万円）を遺産分割によって取得するとしても，B が C に負うべき代償金 1000 万円の支払能力がないとして，反対している。家庭裁判所は，B には他に資産・収入がなく，B の一部分割請求を認めると，C の利益を害するおそれがあると判断したときは，B の申立てを却下すべきことになる。

(5) 特別寄与者の制度の創設

i 特別寄与者の制度を創設した趣旨

被相続人の事業に対して労務の提供や財産上の給付をし，あるいは被相続人の療養看護をするなどの方法で，被相続人の財産の維持または増加に特別の寄与をした者がある場合において，その者が共同相続人であるときは，その貢献を「寄与分」と評価して相続分に加えることにより，その貢献に法的に報いることが可能である（民法 904 の 2）[93]。

これに対し，共同相続人以外の者（例えば，相続人の配偶者，子など）が，被相続人に対して，これと同様の貢献により，被相続人の財産の維持・増加に貢献をしても，その死亡による相続に際して，そのような貢献に直接に報いることが法的な権利としては認められてはいなかった。しかし，相続人であるか否かによってそのように大きく異なる取り扱いがされることに対しては，不公平感が否めなかった。

例えば，A と B が婚姻して子の C と D をもうけ，C が成長して E と婚姻し，A・B 夫婦と同居した。D は独立し，別居していた。B が死亡し，

---

93 寄与分の制度は，昭和 55（1980）年法律 51 号によって創設された（前述 1 2，図表 1-3 参照）。

Ａが病気がちになったが，他に看護する者がなく，Ｃの配偶者Ｅが無償で
Ａの療養看護に努めていた。Ｃは仕事の合間にＡの看護を手伝うことも
あったが，その後親のＡよりも先に死亡し，それからはもっぱらＥがＡ
の療養看護を行ってきた。その間，ＤはＡの看護に直接関わることも，
費用を負担することもなかった。その後もＥがＡの療養看護を継続して
いる間に，Ａが死亡した。相続人はＤのみであった（図表Ⅲ-15）。この場
合，Ｅの貢献に報いるための法的手段はあるであろうか。

　①ＡがＥと養子縁組をしておけば，Ｅは相続人となるが，それには養
子となることについてＥの同意が必要である。②最も相応しいのは，被
相続人ＡがＥの貢献に対して相当と考える遺贈，その他の遺言処分をす
ることであるが，Ａにとってそれが可能な状況になかったり，遺言の準備
を始めたが完成する前に死亡することもある。③準委任契約に基づく費用
償還請求（民法656，650①）をするには，ＥがＡまたはＤとの間に準委任
契約が黙示的に成立したことを主張・立証する必要があるが，それは必ず
しも容易でない。④事務管理を理由とする費用償還請求（民法697，702）も，
親族間の看護が事務管理といえるか，その主張・立証も困難なことが多い。
⑤不当利得の返還請求（民法703，704）は，ＤがＡの扶養義務を果たさな
いために，Ｅが扶養したことにより，立替扶養料を請求できる場合には考
えられるが，生活費はＡの財産から支出されており，また，Ｅが好意で看
護に努めてきた場合は，Ｅの損失とＡないしＤの利得，その利得に法律
上の原因がないことを主張・立証することも困難である。最後に，⑥相続
人以外の者の貢献を法的に評価する制度としては，特別縁故者の制度（民
法958の3）があるが，それは相続人としての権利を主張する者がいない場
合に限られる。

　そこで，平成30年7月改正民法は，第5編相続に新たに第10章「特
別の寄与」を設け，民法1050条＊を新設して，相続人がある場合であっ
ても，被相続人の財産の維持・増加に寄与をした者（特別寄与者）の貢献に

4 遺産分割に関する改正

図表Ⅲ-15 特別寄与料

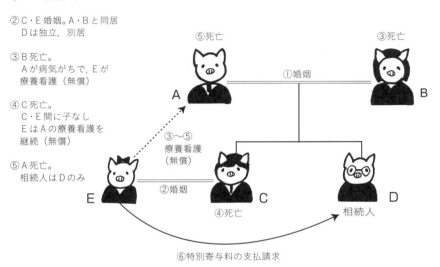

①A・B婚姻。子C・D

②C・E婚姻。A・Bと同居 Dは独立, 別居

③B死亡。 Aが病気がちで, Eが 療養看護（無償）

④C死亡。 C・E間に子なし EはAの療養看護を 継続（無償）

⑤A死亡。 相続人はDのみ

法的に報いること（特別寄与料の支払請求）のできる制度を創設した。

民法1050条

①被相続人に対して無償で療養看護その他の労務の提供をしたことにより被相続人の財産の維持又は増加について特別の寄与をした被相続人の親族（相続人，相続の放棄をした者及び第891条の規定に該当し又は廃除によってその相続権を失った者を除く。以下この条において「特別寄与者」という。）は，相続の開始後，相続人に対し，特別寄与者の寄与に応じた額の金銭（以下この条において「特別寄与料」という。）の支払を請求することができる。

②前項の規定による特別寄与料の支払について，当事者間に協議が調わないとき，又は協議をすることができないときは，特別寄与者は，家

101

庭裁判所に対して協議に代わる処分を請求することができる。ただし，特別寄与者が相続の開始及び相続人を知った時から6箇月を経過したとき，又は相続開始の時から1年を経過したときは，この限りでない。

③前項本文の場合には，家庭裁判所は，寄与の時期，方法及び程度，相続財産の額その他一切の事情を考慮して，特別寄与料の額を定める。

④特別寄与料の額は，被相続人が相続開始の時において有した財産の価額から遺贈の価額を控除した残額を超えることができない。

⑤相続人が数人ある場合には，各相続人は，特別寄与料の額に第900条から第902条までの規定により算定した当該相続人の相続分を乗じた額を負担する。

このようにして，特別寄与者に特別寄与料の支払請求を認めた理由は，①被相続人の財産の維持・増加への貢献を法的に評価して遺産の分配を受ける権利が与えられている，寄与分が認められる共同相続人や，相続人としての権利を主張する者がいない場合に認められる特別縁故者と比較して，実質的な公平を図ること，および②遺贈などはしなかったものの，その貢献に報いようとしたであろうと考えられる被相続人の意思の推定に求めることができる[94]。

ii 特別寄与者とは

「**特別寄与者**」とは，被相続人に対して無償で療養看護などの労務の提供をしたことにより，被相続人の財産の維持または増加に①「**特別の寄与**」をした②「**被相続人の親族**」であって，相続人，相続放棄者，相続欠格者，相続人廃除者を除く者である（民法1050①＊）。先の例（図表Ⅲ-15）

94　堂薗＝野口2019: 181頁注2参照。なお，特別寄与料が，寄与への「対価」および（特別寄与者が親族に限定されたこと〔後述ⅱ②〕と相俟って）親族間扶養の実質的な強要として捉えられるべきでない旨の指摘につき，潮見2019: 18-19頁参照。

におけるEは，被相続人Aの相続人ではないが，配偶者Cを介して，被相続人Aと1親等の姻族関係にある親族（3親等内の姻族は親族に入る。民法725 [3]）である[95]。

①　「特別寄与者」と認められるために必要な「特別の寄与」は，「被相続人に対して無償で療養看護その他の労務の提供をしたこと」が，「被相続人の財産の維持又は増加」に通じた場合でなければならない。この特別寄与者の「特別の寄与」は，共同相続人に寄与分が認められるための「被相続人の事業に関する労務の提供又は財産上の給付，被相続人の療養看護その他の方法」（民法904の2①）と比べると，財産上の給付による寄与が入っておらず，寄与の方法が限定されている点で，要件としては狭い[96]。この点は「無償」による療養看護，その他の労務提供は，財産上の給付と異なり，返還や報酬を予定してそれを約定することが特に困難であると解されるからである。

②　特別寄与者を「被相続人の親族」に限定した理由は，親族でない者が被相続人の必要とする療養看護に関わる場合には，何らかの有償契約を結んでサービスを提供する場合が多いと考えられるからである。これに対し，親族の場合には，先の例（図表Ⅲ-15参照）のような場合にありがちなように，対価を請求することが事実上困難な場合が多い。このことに鑑みれば，特別寄与者の要件を「被相続人の親族」に限定することにも，合理性が認められる。
　今後は「被相続人の親族」要件との関係で，事実上の夫婦や事実上の親

95　CはAの死亡以前に死亡しており，その時点でCE間の婚姻自体は死亡解消されるが，EとA（およびその他Cの血族）との姻族関係は，婚姻の死亡解消の場合は，生存配偶者Eが姻族関係を終了させる意思を表示しない限り，存続する（民法728②）。
96　その点でも，特別縁故者と認められるための要件である「被相続人と生計を同じくしていた者，被相続人の療養看護に務めた者その他被相続人と特別の縁故があった者」（民法958の3①）に，より近いように見える。

子，同性婚のパートナーも「特別寄与者」と認めるべきか，議論されるであろう[97]。

なお，「被相続人の親族」であることを要件とした場合，その判断の基準時が問題になる。「被相続人に対して無償で療養看護その他の労務の提供をした」時点では親族であったが，その後，離婚（民法728①），姻族関係を終了させる意思表示（民法728②），離縁（民法729）などによって親族ではなくなることがありうるからである。その場合，特別寄与者として特別寄与料を請求する資格を失うことになるであろうか。反対に，労務提供を始めた時点では親族ではなかったが，その後，被相続人が死亡するまでの間に，婚姻または養子縁組によって親族になる（しかし，相続人ではない）こともありうる[98]。

これについては，相続人から特別寄与者への特別寄与料の支払による実質的公平の確保と，被相続人の意思の推定という「特別の寄与」制度の趣旨に鑑みて，請求権発生時である被相続人の死亡時＝相続開始時を基準に判断することが想定されているとの見解が示されている[99]。

iii　特別寄与料の請求

特別寄与者は，相続の開始後，相続人に対し，「寄与に応じた額」の金銭を**「特別寄与料」**として支払請求できる（民法1050①＊）。特別寄与料の額は，当事者（特別寄与者と相続人）間で協議し，その合意によって定めるのが原則である（民法1050②本＊参照）。

特別寄与料の支払またはその支払額について，当事者（特別寄与者と相続

97　この点に関しては，後述Ⅳ2⑵も参照。
98　例えば，図表Ⅲ−15の例で，EがCと事実上の夫婦としてA・Bと同居し，B死亡後もAの療養看護をしてきたが，その後Cと婚姻し（Aとの姻族関係が発生する），間もなく（Cおよび）Aが死亡したような場合である。親族への限定を疑問視する窪田2019b: 70頁も参照。
99　堂薗＝野口2019: 181頁。一方，特別寄与料の支払請求時を「被相続人の親族」の判断基準時にする見解もあり得なくはないとしつつ，被相続人の死亡後の事情を考慮することは困難であるとする。

人）間で協議が調わないとき，または協議をすることができないときは，特別寄与者は，家庭裁判所に**「協議に代わる処分」**を請求できる（民法1050②本＊，家手法216の2〜216の5＊）。その請求期間は，特別寄与者が相続の開始および相続人を知った時から6か月以内，かつ相続開始時から1年以内である（民法1050②但＊）。

　家庭裁判所は，特別寄与料の額につき，**「寄与の時期，方法及び程度，相続財産の額その他一切の事情」**を考慮して定める（民法1050③＊）。

　もっとも，特別寄与料の額は，被相続人が相続開始時に有した財産の価額から，**遺贈の価額**を控除した残額を超えることができない（民法1050④＊）。これは，特別寄与者に認められる特別寄与料の制度が，被相続人の推定的意思をも根拠にしていることによるものである。特別寄与料の額が遺贈の価額を控除した残額を超えることは，被相続人の意思に反すると解されるからである。

　特別寄与者から相続人に対する特別寄与料の請求は，相続人が数人ある場合は，特別寄与料の額に各自の相続分（相続分の指定があればそれにより〔民法902〕，そうでなければ法定相続分による〔民法900〜901〕）を乗じた額について行いうる（民法1050⑤＊）。

⑹　夫婦間贈与などにおける特別受益の持戻し免除の意思表示の推定

ⅰ　特別受益の持戻し

　民法903条1項・2項は，共同相続人の中で，被相続人から遺贈や贈与を受けた者がある一方で，それらを受けなかった共同相続人がある場合に，共同相続人間の実質的公平を確保するために，相続開始時に実際に存在する遺産の分配に際して，それら遺贈や贈与の額を考慮に入れるべきものとしている。これが，特別受益の持戻しである。

　すなわち，共同相続人の中に，被相続人から**「遺贈」**を受けた者や，

105

Ⅲ　相続法の改正

「**婚姻若しくは養子縁組のため若しくは生計の資本として贈与**」（**特別受益
となる贈与**）を受けた者がある場合，被相続人が相続開始時に有していた
財産の価額に，その贈与の価額を加えたものを相続財産とみなし（**みなし
相続財産の額**）[100]，各自の相続分（相続分の指定があればそれにより〔民法902〕，
そうでなければ法定相続分による〔民法900～901〕）を乗じて算定した相続分（**一
般の具体的相続分**）から，その遺贈または特別受益となる贈与の価額を控除
した残額をもってその者の相続分（**具体的相続分**）とする（民法903①）[101]。
こうして共同相続人間の実質的公平を確保するために，相続財産および具
体的相続分を計算し直す手続が，**特別受益の持戻し**の制度である。

　そして，共同相続人が受けた遺贈または特別受益となる贈与の価額が，
具体的相続分の価額に等しいか，それを超えるときは，当該受遺者または
受贈者たる共同相続人は，その相続分を受けることができない（民法903
②）。この者に分配されるべき遺産は，遺贈または特別受益となる贈与に
より，すでに分配されていると考えられるからである。

ⅱ　特別受益の持戻し免除の意思表示と遺留分

　しかし，被相続人が，特別受益の持戻しに関する規定（民法903①・②）
と異なった意思を表示したときは，その意思に従うものとされている（民
法903③*）。これが，特別受益の持戻し免除の意思表示である。これが認
められる場合，民法903条1項に従い，①特別受益に当たる贈与の価額
を相続財産に加え（みなし相続財産の価額），それに指定相続分または法定相
続分を乗じた一般の具体的相続分から，②遺贈または特別受益となる贈与
を控除して具体的相続分とする必要がなくなる。したがって，相続開始時
に実際に存在する遺産（遺贈および贈与された財産を除く）に指定相続分また

100　遺贈は，相続開始時にはまだ「相続財産」の中にある（これから遺贈義務の履行によって
　　受贈者に権利が移転され，目的物が引き渡される）から，相続財産に加算する必要はない。
101　なお，具体的相続分を算定する際に，寄与分（民法904の2）を控除する必要はない（寄
　　与者の寄与に報いるため）。

106

は法定相続分を乗じて，遺産の分配を受けることができる。このことは，遺贈または特別受益となる贈与を受けた共同相続人に有利な結果となる。

ちなみに，平成30年7月改正前の民法903条旧3項は，特別受益の持戻し免除の意思表示は，「遺留分に関する規定に違反しない範囲内で，その効力を有する」としていた。しかし，平成30年7月改正民法は，かつての遺留分減殺請求権（民法旧1031。減殺対象となる遺贈または贈与の目的物につき，遺留分侵害額に応じ，受遺者または受贈者と遺留分権利者との共有または準共有状態を創出する物権的効果をもつ形成権）を，遺留分侵害額請求権（民法1046＊。金銭の支払を請求する債権的請求権）に変更したことに伴い[102]，特別受益の持戻し免除の意思表示の効果自体は，遺留分によって制限されないことを明確にした。民法903条3項が，「被相続人が前2項の規定と異なった意思を表示したときは，その意思に従う」と端的に，何らの制限なしに定めたのは，そのことを示している[103]。

iii　夫婦間贈与などにおける特別受益の持戻し免除の意思表示の推定

そして，特別受益の持戻し免除の意思表示に対する遺留分による制限の削除に加えて，平成30年7月改正民法は，婚姻期間が長期にわたる夫婦間で居住用不動産が贈与された場合などにおいて，特別受益の持戻し免除の意思表示がされたものと推定する旨の規定を設けた（民法903④＊）。

④婚姻期間が20年以上の夫婦の一方である被相続人が，他の一方に対し，その居住の用に供する建物又はその敷地について遺贈又は贈与をしたときは，当該被相続人は，その遺贈又は贈与について第1項の規

102　前述2(4)。
103　ただし，特別受益の持戻し免除の意思表示により，遺贈や贈与を考慮に入れずに遺産を各共同相続人の相続分に従って分配した結果，遺贈や贈与を受けた共同相続人が，他の共同相続人の遺留分を侵害する場合は，遺留分侵害額請求（金銭の支払請求。民法1046①＊）を受けることはありうる。

定〔特別受益の持戻し〕を適用しない旨の意思を表示したものと推定する。

　この規定は，婚姻期間が20年以上の長期に及ぶ夫婦の一方が，他方に対し，その居住用建物またはその敷地を遺贈または贈与した場合は，その遺贈者または贈与者の意思としては，相手方配偶者の生活の基盤を確保し，また，長年の貢献に対して報いる趣旨であると考えられる。したがって，遺贈者または贈与者としては，その死亡による相続において，そのような居住用不動産の遺贈または贈与を受けた配偶者が，特別受益の持戻しにより，他の相続財産の分配において，遺贈または贈与が考慮され，かつその分を具体的相続分から控除されることは企図していないと考えられる。そこで，この場合は，特別受益の持戻し免除の意思表示がされたものと推定することにより，民法903条1項（原則）・3項＊（例外）の関係を，その限りで逆転させている（原則として，持戻し免除の意思表示ありと推定し，例外として，その反証を認める）。実質的には配偶者の相続分の引上げを意味しうる。

　特別受益の持戻し免除の意思表示の推定を，居住用不動産を対象とする遺贈または贈与に限った理由は，特別受益の持戻し免除の意思表示をするであろう被相続人の意思としては，自分の死後における相手方配偶者の安定した生活の基盤の確保を企図していると考えられるからである[104]。

　なお，**遺贈によって配偶者居住権が設定された場合**も，民法903条4項＊が準用され，特別受益の持戻し免除の意思表示がされたものと推定される（民法1028③＊）[105]。

---

[104]　生活の基盤として居住用不動産の重要性を認める民法規定として，成年後見人が成年被後見人の「居住の用に供する建物又はその敷地」（居住用不動産）について，成年被後見人を代理して売却，賃貸，賃貸借の解除または抵当権の設定，その他これらに準じる処分をするには，家庭裁判所の許可を必要とする（民法859の3）。

[105]　配偶者居住権とその取得原因に関しては，後述5⑵ⅱ参照。

5 配偶者の安定居住を確保する制度の創設

(1) 配偶者の安定居住の確保の必要性と配偶者の居住権

　日本社会の高齢化が進む中，被相続人の死亡時に配偶者（特に高齢の配偶者）が生存している場合において，住み慣れた環境の下で居住の継続を確保することが，ますます重要な問題になってきた。

　この問題について，従来の判例には，被相続人が所有する建物に配偶者が同居していたときは，被相続人と配偶者との間で，被相続人の死亡後も，遺産分割による建物の所有関係の最終的な確定までは，居住建物を無償で使用継続できる旨の「合意」があったと推認したものがある。

　「共同相続人の一人が相続開始前から被相続人の許諾を得て遺産である建物において被相続人と同居してきたときは，特段の事情のない限り，被相続人と右同居の相続人との間において，被相続人が死亡し相続が開始した後も，遺産分割により右建物の所有関係が最終的に確定するまでの間は，引き続き右同居の相続人にこれを無償で使用させる旨の合意があったものと推認され……，被相続人が死亡した場合は，この時から少なくとも遺産分割終了までの間は，被相続人の地位を承継した他の相続人等が貸主となり，右同居の相続人を借主とする右建物の使用貸借契約関係が存続することになる」[106]

　しかし，被相続人と配偶者との合意の推認による使用借権の設定という方法は，配偶者に対し，居住の継続による利益を安定的に確保する手段としては，必ずしも十分なものとはいえない。また，何らかの利用権原を，

106　★最判平8年12月17日民集50巻10号2778頁。

法律によって設定するにせよ，当事者間の合意によって設定するにせよ，配偶者の継続居住の利益を確保するために，どのような権利を認めることが相応しいかを検討することが，先決問題であるともいえる。

これについては，一方では，(a)遺贈や遺産分割により，配偶者が居住建物の所有権を取得することを促す方策が考えられる（所有権方式）。しかし，建物の評価額が高額になるときは，遺産分割に際して，配偶者にとって預貯金等の他の財産の取得が困難になり，生活資金が十分でなくなる恐れがある。

他方では，(b)建物の所有権（または共有持分権）を取得した相続人から賃貸借または使用貸借によって建物の全部または一部を借り受けることを促す方策も考えられる（賃借権または使用借権方式）[107]。しかし，建物の使用借権は登記などの第三者対抗要件を具備する制度がない。建物賃借権は，登記（民法605＊，不動産登記法3[8]，81）のほか，建物の引渡し（借地借家法31）によって具備しうる（配偶者が居住建物に継続居住する場合）が，配偶者の継続居住に相応しい存続期間の設定や更新拒絶または解約申入れの正当事由（借地借家法28）をめぐり，貸主との合意形成が困難となる事態も予想される。こうしてみると，使用借権や賃借権は，配偶者の安定した居住継続の利益を確保するための手段としては，必ずしも相応しいとはいえない場合がある。

そこで，(c)配偶者の継続居住の利益を確保することに適合した新たな権利を創設し，遺贈や遺産分割によって設定可能とすることが考えられる。この観点から，配偶者は，被相続人の死亡後も居住建物を継続的に（原則として終身）利用する権限をもつ一方で，処分権限はもたず，所有権を取

107　建物が共有物の場合，短期賃貸借（建物の場合は3年間。民法602[3]）の範囲内（3年以内の定期建物賃貸借など。借地借家法38）であれば，共有物の管理として，持分の過半数の合意（民法252本）によって設定可能であるが，それを超える賃貸借や使用貸借の設定は，共有物の変更（ないし処分）に当たり，共有者全員の同意（民法251）を要するものと解される。

得する場合よりも低廉に居住を確保することを可能にする新たな権利の創
設が検討されてきた。

　この(c)説の考え方を展開する形で，平成 30 年 7 月改正民法は，民法の
第 5 編「相続」に第 8 章「配偶者の居住の権利」を新設し，第 1 節「配
偶者居住権」（民法 1028 ～ 1036）および第 2 節「配偶者短期居住権」（民法
1037 ～ 1041）の制度を創設した。以下，順次検討する。

(2)　配偶者居住権の制度の創設

ⅰ　配偶者居住権の意義と法的性質

　配偶者居住権とは，配偶者が，相続開始時に，被相続人の財産に属した
建物（被相続人が相続開始時に建物を配偶者以外の者と共有していた場合を除く）に
居住していた場合において，その居住していた建物（居住建物）の全部に
ついて，無償で，使用・収益することのできる権利である（民法 1028 ①本
＊）。

　配偶者居住権は，配偶者の「居住権」を保護するために法律が特に認め
た権利（法定の権利）である[108]。それは，配偶者が居住を必要としている
限りにおいて認められる権利であるから，帰属上の一身専属権である。し
たがって，配偶者は配偶者居住権を譲渡することはできない（民法 1032 ②
＊）。たとえ存続期間を定めた場合（後述ⅲ）であっても，配偶者の死亡に
よって当然消滅し，相続の対象とはならない（民法 1036 ＊，597 ③＊）。

　配偶者居住権は，私法上の権利であり，財産権であることは否定できな
いが，物権か債権かその法的性質が明確に規定されているわけではない。
「その法的性質については，規定上特に明確にしていないが，賃借権類似
の法定の債権であると考えられる」とされる[109]。ちなみに，他の法律上は，

108　堂薗＝野口編著 2019: 18 頁。
109　堂薗＝野口編著 2019: 18 頁。

建物賃借権とともに「借家権」として取り扱われている（都市再開発法 2 [13]，密集市街地防災街区整備促進法 2 [15]，マンション建替え等円滑化法 2 [18]）。

しかし，配偶者は賃料支払義務を負わず，「無償で使用及び収益をする権利」とされているから（民法 1028 ①本＊），賃借権そのものとは異なる。

ii 配偶者居住権の取得

配偶者居住権は，①「被相続人の財産に属した建物」に，②「配偶者」が「相続開始の時に居住していた」場合に，③被相続人の遺贈（もしくは死因贈与）または共同相続人間の遺産分割によって取得される（民法 1028 ①本＊）。一方，配偶者がいったん配偶者居住権を取得したときは，「居住建物が配偶者の財産に属することとなった」としても，他の者がその共有持分をもつときは，消滅しない（民法 1028 ②＊）。以下，順次検討する。

① 　**「被相続人の財産に属した建物」**（民法 1028 ①本＊）とは，[1] 被相続人が所有していた建物，または [2] 被相続人が配偶者と共有していた建物を意味する。被相続人が第三者と共有していた建物は含まない（民法 1028 ①但＊）。理由は，被相続人が配偶者以外の第三者と建物を共有していた場合，配偶者居住権の設定（後述③のように，被相続人の遺贈もしくは死因贈与，または共同相続人の遺産分割による）は共有物の変更ないし処分（民法 251）に当たり，共有持分権をもつ者全員の同意を要するから，共有者である第三者の同意を得ずに設定することができないからである[110]。一方，配偶者が共有者であったときは，配偶者が同意すれば足りる[111]。

---

[110] 被相続人が第三者と共有していた建物に，配偶者のための居住権を遺贈または死因贈与によって設定し，第三者がこれに同意することもありうるが，それによって設定される配偶者の建物利用権（その内容は遺贈または死因贈与により，第三者はそれに同意することになる）は，民法 1028 条＊の配偶者居住権とはいわない。

[111] 被相続人が配偶者と共有していた建物に，配偶者居住権を設定する場合，①遺贈または死因贈与によるときは，被相続人が共有持分権に基づいて設定するものであり，②被相続人の死亡後に遺産分割によるときは，被相続人の共有持分権を共同相続人が準共有し，共同相続人がそれに基づいて設定することになる。

また，被相続人が居住建物を賃借または使用貸借していた場合も，「被相続人の財産に属した建物」には当たらず，配偶者居住権は成立しない。理由は，建物の賃借権または使用借権に基づいて配偶者居住権を設定することはできないからである。

② 「配偶者」が前記①の建物に，**「相続開始の時に居住していた」**（民法1028①本＊）ことを必要とする理由は，配偶者居住権が配偶者の居住の継続を安定的に保障すること，まさに「居住権」の確保を目的とするものだからである。

「配偶者」には，内縁配偶者ないし事実上の夫婦を含まないと解されている。この点については，配偶者居住権は，相続を前提にして，「遺産分割等における選択肢を増やす趣旨」で設けられた制度であるからと説明されている[112]。もっとも，配偶者居住権は遺贈や死因贈与によっても設定できるから（後述③参照），遺産分割方法の選択肢を増やすのみではない。しかし，配偶者居住権は，共同相続人の相続財産である建物に設定されることになり，相続秩序に影響を与えることになるから，共同相続人の1人としての配偶者の地位が必要になるものと解される。

その一方で，内縁配偶者ないし事実上の夫婦の一方の「居住権」（継続した安定居住）の確保は，なお検討を要する問題である。

③ 配偶者居住権の取得原因は，[1] 被相続人による**遺贈**（民法1028①[2]＊）もしくは[2]**死因贈与**，[3] 共同相続人による**遺産分割協議**（民法1028①[1]＊）または遺産分割の審判（民法1029＊）である（図表Ⅲ-16）。

[1] 遺贈によって配偶者居住権が設定された場合には，**特別受益の持戻し免除の意思表示**がされたものと推定される（民法1028③＊，903④＊）[113]。

---

112 堂薗＝野口編著2019: 11頁。

Ⅲ　相続法の改正

図表Ⅲ-16　配偶者居住権

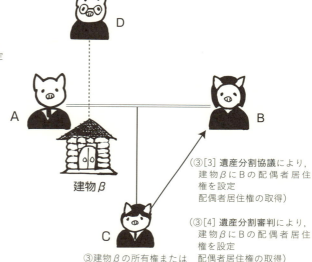

①A所有建物βにBが居住
　Bに配偶者居住権を設定
　する［1］**遺贈**または
　　　　［2］**死因贈与**
　（配偶者居住権の取得）

②A死亡。
　相続人は配偶者B・子C

（③［3］**遺産分割協議**により，
　建物βにBの配偶者居住
　権を設定
　配偶者居住権の取得）

（③［4］**遺産分割審判**により，
　建物βにBの配偶者居住
　権を設定
　配偶者居住権の取得）

③建物βの所有権または
　共有持分権を取得

> ＊1　AがDと建物βを共有していたときは，Bは配偶者居住権を取得できない。
> ＊2　AがBと建物βを共有していたとき，またはBが建物βをCと共有するときは，Bは配偶者居住権を取得しうる。
> ＊3　Bが建物βの所有権を取得したときは，配偶者居住権は消滅する（民179①参照）。

　［2］　死因贈与（契約であるから，配偶者の同意を要する）による取得は，民法1028条1項＊自体は定めていないが，死因贈与については，その性質に反しない限り，遺贈に関する規定を準用するとされていることから（民法554），死因贈与による取得を否定する理由はないと解されている[114]。

　［3］　遺産分割による取得に関しては，共同相続人間に遺産分割協議が

113　夫婦間贈与などの場合における特別受益の持戻し免除の意思表示の推定につき，前述4(6)ⅲ参照。
114　堂薗＝野口編著 2019: 11-12頁。

114

成立し，他の相続人が建物の所有権または共有持分権を，配偶者が配偶者居住権を取得するものとされていれば，それに従う（民法 1028 ① [1] ＊）。

　[4]　これに対し，遺産分割協議が成立せず，遺産分割審判が申し立てられた場合，家庭裁判所は，以下の場合に限り，配偶者が配偶者居住権を取得する旨を定めることができる（民法 1029 柱＊）。

　〈1〉　共同相続人間に配偶者が配偶者居住権を取得することについて合意が成立しているとき（民法 1029 [1] ＊）。

　〈2〉　配偶者が，家庭裁判所に対し，配偶者居住権の取得を希望する旨を申し出た場合において，家庭裁判所が，**「居住建物の所有者の受ける不利益の程度を考慮してもなお配偶者の生活を維持するために特に必要がある」**と認めるとき（民法 1029 [2] ＊）。

　このうち，〈1〉は，共同相続人が遺産分割をめぐり，他の点では争っていても，配偶者居住権を設定すること自体については合意しているときは，家庭裁判所は配偶者居住権の取得を認めることができる。

　他方，〈2〉については，配偶者と居住建物の所有者との間に意向の対立がある場合であり，配偶者居住権の核心に迫る問題として，重要である。

　一般的には，配偶者が住み慣れた環境の下で居住を継続することに対してもつ利益と，配偶者居住権が設定されることによって建物所有権が制限されることによる建物所有者の不利益を比較考量し，配偶者居住権の成否，存続期間などを家庭裁判所が判断することになる[115]。その際には，配偶者が居住建物に居住してきた経緯，年齢，生活状況，資産，収入，建物所有者の年齢，生活状況，資産，収入，配偶者との関係，居住建物を取得するに至った経緯なども考慮される。さらに，配偶者が建物所有者に配偶者居住権を取得する代償金として提示した額なども考慮されうる[116]。

　注意すべきは，遺産分割審判においても，配偶者居住権の設定は，共同

115　潮見 2018: 338 頁。
116　潮見ほか編著 2019: 93 頁（中込一洋）。

相続人の合意に基づいて行われることが原則であり（前記〈1〉），合意が成立しないにもかかわらず，配偶者居住権の設定を認めること（前記〈2〉）はあくまでも例外的な場合に位置づけられていることである。それは，配偶者居住権の限界というべきかも知れない。

④　配偶者が配偶者居住権を取得した場合において，その一方で，遺産分割などにより，居住建物が「配偶者の財産に属する」こととなった場合であっても，それが共有持分権の取得にとどまり，他の者がその共有持分を有するときは，配偶者居住権は，消滅しない（民法1028②＊）。例えば，Aが所有し，配偶者Bと居住していた建物につき，遺贈によってBのために配偶者居住権を設定し，死亡した場合において，共同相続人であるBと子Cが遺産分割により，当該居住建物をBとCの共有（持分はB2分の1，C2分の1）としたときは，Bの配偶者居住権は消滅しない。なぜなら，Bは，配偶者居住権が存在することにより，当該建物を単独で，全面的に使用・収益し続けることができ，それによって他の共有者であるCに対して不当利得返還義務を負うことはなく，共有物分割請求によって建物利用権を失うこともないからである。このことは，Cが建物の共有持分権を第三者Dに売却して移転登記した場合も同様であり，それに先立ってBの配偶者居住権が登記されている限り（民法1031①＊，177。後述ⅲ参照），Dは共有持分権に基づいてBに対して不当利得の返還請求をしたり，共有物分割請求をすることはできない。Bのこのような法的利益を確保するためにも，Bは建物の共有者になったとしても，配偶者居住権をなお維持しておくことに意味がある。民法1028条2項＊はそのための規定であるが，それは法理としては，配偶者が配偶者居住権をもつ居住建物について，その共有持分権を取得したとしても，当該居住建物が第三者たる他の共有者の権利の目的であることから，権利の混同の法理に対する例外として消滅しないものと解される[117]。

もっとも，Bが建物の所有権を取得した場合は，配偶者居住権自体が第三者の権利の目的になっていない限り，配偶者居住権は消滅するものと解される[118]。

iii 配偶者居住権の登記と第三者対抗力

配偶者居住権は，建物登記簿に登記され（不動産登記法 3 [9] ＊，59，81 の 2 ＊），その登記によって第三者に対する対抗力を取得する（民法 1031 ② ＊，605 ＊）。また，登記により，建物を占有する第三者に対する返還請求権，その占有を妨害する第三者に対する妨害停止請求権をもつ（民法 1031 ②＊，605 の 4 ＊）。

配偶者居住権の登記については，居住建物の所有者が登記義務を負う（民法 1031 ①＊）。

配偶者居住権の登記の登記事項は，①権利に関する登記に共通する登記事項（登記の目的，申請受付年月日と受付番号，登記原因とその日付，権利者の氏名または名称と住所など。不動産登記法 59），②存続期間，③第三者に居住建物（民法 1028 ①＊）の使用または収益をさせることを許す旨の定めがある場合のその定めである（不動産登記法 81 の 2 ＊）。

iv 配偶者居住権の存続期間

配偶者居住権の存続期間は，原則として終身間である（民法 1030 本＊）。

ただし，遺言，遺産分割協議または家庭裁判所の遺産分割審判により，別段の定めをしたときは，それによることができる（民法 1030 但＊）。この定めは登記される（不動産登記法 81 の 2 ＊）。

---

117 民法 179 条 1 項ただし書参照。もっとも，配偶者居住権が（法定の）債権であるという理解（前述 i 参照）の下に，「民法 520 条本文の例外」（条文には規定がないが）と理解する方法もある（潮見ほか編著 2019: 89 頁〔阿部祐介〕）。立法過程では，自己借地権（借地借家法 15 ②）と類似のものとみる説明もされている。法制審議会民法（相続関係）部会資料 25-2・5 頁，8 頁。

118 物権の混同の法理（民法 179 ①本参照）によるものと解される。

例えば，「存続期間　令和○年○月○日から10年間，または配偶者の死亡時までのうち，いずれか短い期間」とする定めなどが考えられる[119]。下線部は「令和○年○月○日から令和○年○月○日」とすることも考えられる。賃借権の場合（民法604②＊）と異なり，存続期間の更新はないものと解される。配偶者居住権は遺産分割などによる取得に際し，存続期間に応じた財産評価がされることから，更新を認めると，遺産分割の当事者である共同相続人，建物の所有者または共有者，建物に抵当権などの権利を設定した第三者に不測の損害を与えることになる。また，将来も配偶者居住権の財産評価が困難になったり，更新の可能性を見込んで高額に評価されたりすることは，配偶者居住権の設定を受けようとする配偶者にも不利益を与えうるからである[120]。

ただし，たとえ存続期間の定めがあっても，その満了前に配偶者が死亡すれば，配偶者居住権は当然に消滅する（民法1036＊，597③＊）[121]。配偶者の継続居住の利益を確保するという配偶者居住権の法的性質上[122]，存続させる必要性がないことから，法理上も当然である。

v　配偶者居住権の内容

配偶者は，居住建物の全部について，無償で使用・収益する権利をもつ（民法1028①本＊）。この点は使用借権に類似するが，より強化されている。

配偶者は従前の用法に従い，善良な管理者の注意をもって居住建物の使用・収益をしなければならない（民法1032①本＊）。ただし，従前居住の用に供していなかった部分についても，これを居住の用に供することができる（民法1032①但＊。民法1028①本＊参照）。

配偶者居住権は，当該配偶者自身の居住を目的とする権利であるから，

119　堂薗＝野口編著 2019: 33 頁。
120　潮見ほか編著 2019: 95 頁（田髙寛貴）。
121　後述 vi 参照。
122　前述 i 参照。

それを譲渡することはできない（民法 1032 ②＊）。

　また，配偶者は，居住建物の所有者の承諾を得なければ，その増改築をしたり，第三者に使用・収益させたりすることができない（民法 1032 ③＊）。反対に，居住建物の所有者の承諾を得れば，第三者に使用・収益させることができ，そのことは登記することができる（不動産登記法 81 の 2 ［2］ ＊）。この場合，建物所有者と第三者との間には転貸借の関係が成立する（民法 1036 ＊，613 ＊）。この点は，賃借権に類似する。

　配偶者が居住建物の用法に反し，善管注意義務を怠り，または所有者に無断で第三者に使用・収益させたときは，所有者が相当の期間を定めてその是正の催告をし，その期間内に是正がされないときは，所有者は当該配偶者に対する意思表示により，配偶者居住権を消滅させることができる（民法 1032 ④＊）。

　配偶者は，居住建物につき，使用・収益に必要な修繕権をもつ（民法 1033 ①＊）。配偶者が必要な修繕をしない場合は，建物所有者が修繕権をもつ（民法 1033 ②＊）。他方，配偶者は，居住建物が修繕を必要とする場合で，自ら修繕をしない場合や，権利を主張する者があるときは，建物所有者がすでに知っている場合を除き，遅滞なく建物所有者に通知しなければならない（民法 1033 ③＊）。修繕権については，賃借権の場合より強い。

　配偶者は，居住建物の通常の必要費を負担する（民法 1034 ①＊）。その他の費用（臨時の必要費および有益費）を支出したときは，建物所有者に償還請求できる。有益費償還請求については，建物所有者の申立てにより，裁判所が相当の期限を許与しうる（民法 1034 ②＊，583 ②）。

vi　配偶者居住権の消滅と原状回復

　配偶者居住権は，配偶者の死亡（民法 1036 ＊，597 ③＊），存続期間（それを定めた場合。民法 1030 但＊）の満了（民法 1036 ＊，597 ①＊），居住建物の滅失・その他の事由による使用・収益不能（民法 1036 ＊，616 の 2 ＊），建物所

有者による消滅請求（民法1032④*），配偶者による放棄によって消滅する。

配偶者居住権が消滅したときは，配偶者（配偶者が死亡した場合はその相続人）[123] は居住建物の返還をしなければならない（民法1035①本*）。ただし，配偶者が居住建物について共有持分を有する場合は，居住建物の所有者は，配偶者居住権が消滅したことを理由としては，居住建物の返還を求めることができない（民法1035①但*）。共有者は持分に応じた使用権（民法249）をもつからである。他の共有者は，配偶者（配偶者が死亡した場合にはその相続人）に対し，返還を求める理由を主張・立証しなければならないものと解される[124]。

配偶者が相続開始後に居住建物に附属させた物がある場合，居住建物の返還に際し，配偶者は附属物の収去権および収去義務（民法1035②*，599①・②）を負う。また，相続開始後に居住建物に損傷が生じた場合，配偶者は目的物の原状回復義務（民法1035②*，621*）を負う。

配偶者の用法義務（民法1032①*）に反する使用・収益によって生じた損害の賠償請求権，および配偶者が支出した費用の償還請求権は，居住建物所有者が返還を受けた時から1年以内に請求しなければならない（民法1036*，600①）。このうち，損害賠償請求権については，居住建物所有者が返還を受けた時から1年を経過するまでは，消滅時効は完成しない（民法1036*，600②*）。

(3) 配偶者短期居住権の制度の創設

i 配偶者短期居住権の意義と法的性質

被相続人の死亡時に，その財産に属する建物に配偶者が居住していた場

---

123 配偶者が死亡した場合，たとえ存続期間の定めがあり，かつその満了前であっても，配偶者居住権自体は当然消滅する（民法1036*，597③*）。しかし，それによって生じる原状回復義務などは，当該配偶者の相続人が承継する（民法896本，899）。

124 ★最判昭和41年5月19日民集20巻5号947頁。

合，配偶者居住権の成否にかかわらず，配偶者の居住継続を当面確保する必要が生じる。この場面において，従来の判例は，被相続人と配偶者との間で，被相続人の死亡後も，遺産分割による建物の所有関係の最終的な確定までは，居住建物を無償で使用継続できる旨の使用貸借の「合意」があったと推認する方法により，配偶者の継続居住の利益を保護しようとしたことは，すでに述べた[125]。これも1つのベースにして，立法化した制度が，配偶者短期居住権の制度である。

もっとも，配偶者の居住を保護するための法理としては，判例（★最判平8年12月17日民集50巻10号2778頁）による使用借権構成（使用貸借の黙示的な合意の推認に基づく）と，平成30年7月改正民法による配偶者短期居住権（法律＝民法1037条＊による権利創設）とでは違いがあり，法的性質も異なるものであることに留意する必要がある[126]。

配偶者短期居住権とは，①被相続人の財産に属した建物に，②配偶者が相続開始時に，③無償で，④居住していた場合において，その居住していた建物（居住建物）の所有権を相続または遺贈によって取得した者（居住建物取得者）に対して，法律が定める一定期間（後述 iii ①または②の法定期間），その居住建物の全部または一部を[127]，無償で使用することができる権利である（民法1037①本＊）。

配偶者短期居住権は，配偶者居住権のように，被相続人による遺贈や死因贈与，共同相続人による遺産分割などの法律行為によって取得されるのではなく，前記①〜④の要件が満たされる場合に，法律上当然に取得される法定の建物利用権である[128]。もっとも，法理上は，配偶者短期居住権に基づく配偶者による居住建物の占有権原は，被相続人が居住建物に対し

125　前述(1)冒頭に引用した，★最判平8年12月17日民集50巻10号2778頁。
126　両者の相違（したがって，併存可能性）を認める見解として，潮見ほか編著 2019: 171頁（水野紀子），窪田 2019a: 63頁（特に配偶者が相続放棄した場合）参照。
127　配偶者が，居住建物の一部のみを無償で使用していた場合は，その部分についてのみ無償で使用することができるものとした（民法1037①本＊）。

121

てもっていた所有権または共有持分権（共有持分権によっても目的物全部を使用できる。民法249）であり[129]，それらの権利から，法律が，被相続人死亡後は配偶者のために一定期間の居住建物使用権を切り出して，配偶者に付与したものと理解することができる[130]。

　配偶者短期居住権の成立により，配偶者の継続居住の利益を一定期間保護することにより，配偶者は被相続人死亡前からの居住状態をひとまず維持しつつ，遺産分割など，相続による権利・義務の承継手続を進めることが可能になる。

ⅱ　配偶者短期居住権の取得

　配偶者短期居住権の取得要件は，①「被相続人の財産に属した建物」に，②「配偶者」が相続開始時に，③「無償」で，④「居住」していたことである。

　① 　**「被相続人の財産に属した建物」**とは，被相続人が所有または他の者と共有した建物を意味する。配偶者居住権の場合と異なり[131]，被相続人が，配偶者だけでなく，第三者と共有する建物についても，配偶者短期居住権は成立可能であると解される。理由は，配偶者短期居住権は，配偶者の居住継続の利益を短期的に保護する必要性に基づき，居住建物に対する被相続人の所有権または共有持分権に制限を加え，それに基づいて法律が定める一定期間に限って居住建物を利用させるものであり，たとえ共有

128　それは，使用借権類似の法定の債権としての性質をもつとされる（堂薗＝野口編著 2019: 46頁）。もっとも，配偶者短期居住権は，法律行為に基づいて設定される権原とは異なるものであるから，配偶者は，配偶者短期居住権の取得要件が満たされている場合であっても，それとは別個に，被相続人との使用貸借の合意や，共有持分権の取得など，他の占有権原を主張・立証することにより，建物の継続的利用を行うことも妨げられないものと解される。

129　配偶者は，被相続人の死亡前は，被相続人がもつ居住建物の所有権または共有持分権を行使する占有補助者であったと解することもできる。堂薗＝野口編著 2019: 34頁参照。

130　後述ⅱ①も参照。

131　前述(2)ⅱ①参照。

持分権であっても，共有物全部を一定期間使用する権原として十分である
と考えられるからである[132]。

　このように，配偶者短期居住権に基づく配偶者による居住建物の占有権
原は，被相続人が居住建物に対してもっていた所有権または共有持分権で
あると解される。ちなみに，共有持分権に基づき，共有者は共有物の全部
を使用することができる（民法249）。したがって，被相続人が居住建物に
対する共有持分権しかもっておらず，しかも，配偶者以外の第三者と共有
していた場合でも，配偶者は被相続人の持分権を行使して居住建物の使用
（民法249）が可能だったのであり，それについて共有者の同意を得る必要
はなく，配偶者居住権の設定による短期的な居住継続についても，他の共
有者の同意を得る必要はないものと解される。

　②　配偶者短期居住権を取得できるのは，相続開始時に居住建物に居住
していた**「配偶者」**であり，そこには内縁配偶者ないし事実婚の夫婦は含
まれないものと解されている[133]。この点は，配偶者居住権の場合と同様
であるとも考えられる[134]。もっとも，相続秩序との緊密な結合度という
点では，配偶者居住権に比べて，配偶者短期居住権は緩やかな面があり，
今後，配偶者以外の者の居住利益を保護するための方策として，その要
件・効果を参考にできる面は少なくないように思われる。

　「配偶者」には，**相続放棄をした者**（それにより，相続人とはならなかったも
のとみなされる。民法939）も含まれるものと解される[135]。たとえ相続財産に
関して相続を放棄した配偶者でも，当面の居住継続の利益を保護する必要
性は否定されないからである。

　他方，配偶者が**相続欠格者**または**相続人廃除者**であるときは，配偶者短

132　堂薗＝野口編著 2019: 38 頁。
133　潮見ほか編著 2019: 171 頁（水野紀子）。
134　前述(2) ii ②参照。
135　堂薗＝野口編著 2019: 37 頁。

期居住権を取得することができないとされている（民法 1037 ①但＊）。配偶者短期居住権は，配偶者の居住継続の利益を保護するために法律が特に付与する権原であるから，法律の保護に値するかが問われざるを得ない場合もあるものと考えられる。

　なお，配偶者が，相続開始時に，居住建物について配偶者居住権（前述(2)）を取得したときは，配偶者短期居住権を取得することはできない（民法 1037 ①但＊）。その必要がないと考えられるからである[136]。

　③　配偶者短期居住権は，配偶者居住権の場合と異なり，配偶者が相続開始時に居住建物に「無償」で居住していたことを要件としている。有償の場合には，賃借権など，建物の利用権原があるものと考えられ，それに基づく権利・義務は被相続人の死亡後は相続人に承継されると考えられるからである[137]。

　④　「居住」とは，建物の全部または一部を生活の本拠として，現に居住の用に供していたことを意味する[138]。この要件は，配偶者短期居住権が，配偶者の継続居住の利益を一定期間保護する必要性が高いことを理由に法律が特に付与した権原であることに照らして，解釈すべきである。

iii　配偶者短期居住権の第三者対抗力

　配偶者短期居住権は，配偶者居住権と異なり，対抗要件を備えることができない。それは，あくまでも債権であり，使用借権類似の性質を有する権利として構成していること，その存続期間は短期間に限定されるのが通常であることから，居住建物取得者がその居住建物の所有権または共有持

136　なお，配偶者が，配偶者短期居住権を取得した後に，配偶者居住権を取得したときも，配偶者短期居住権は消滅する（民法 1039 ＊）。
137　堂薗＝野口編著 2019: 36 頁。
138　堂薗＝野口編著 2019: 36-37 頁。

分権を第三者に譲渡した場合には，配偶者は，配偶者短期居住権を譲受人に対抗することができないものと解されている[139]。

しかし，①配偶者短期居住権は，被相続人や共同相続人の法律行為によらず，配偶者が一定の要件を満たした場合に，法律上当然に取得するまさに法定の権利であるゆえに，対抗要件を備えることなしに，第三者に対抗しうる，と解釈することも不可能ではないように思われる。加えて，②配偶者短期居住権が比較的短期にとどまること，そして，③その間は配偶者の継続居住の利益が特に高いことは，むしろ，登記などを備えていなくとも第三者に対抗できる根拠に転じうる。さらに，④配偶者は居住を継続していると解されるから，建物の占有をしており，それ自体が一定の公示力をもちうること，⑤建物の占有によって第三者対抗力をもつ借家権との権衡に照らしても，第三者にも当然対抗可能と解釈してよいように思われる。

もっとも，配偶者居住権が成立する前に，例えば，居住建物に相続開始前から設定されていた抵当権が実行された場合や，被相続人の債権者が相続開始前に居住建物を差し押さえ，強制競売がされた場合は，配偶者は明渡請求を拒むことができないものと解される。

なお，民法 1037 条 2 項＊は，配偶者が配偶者短期居住権を取得した場合，居住建物取得者は，第三者に対して居住建物の譲渡，その他の方法によって「配偶者の居住建物の使用を妨げてはならない」と定めている。これは，配偶者短期居住権が第三者に対抗できないことを前提とした規定であるとも解される。しかし，仮にそうであるとすれば，本規定はかなり中途半端な規定といわざるをえない。なぜなら，配偶者短期居住権が成立している居住建物を第三者に売却するなどして配偶者を立ち退かせるようなことをしてはならない，すべきでないといいつつ[140]，譲渡されてしまっ

139　堂薗＝野口編著 2019: 46 頁。
140　居住建物取得者は，第三者に対して居住建物の譲渡，その他の方法によって「配偶者の居住建物の使用を妨げてはならない」（民法 1037 ②＊）との文言は，このような価値判断を含んでいると解される。

たら仕方ないというのでは，いかに配偶者が譲渡人である居住建物所有者に債務不履行を理由とする損害賠償請求や，不法行為による損害賠償請求ができるといったところで，紛争の回避や解決のルールとしては首尾一貫していないと考えられるからである。

　他方，民法1037条2項＊は，配偶者短期居住権は第三者に対しても対抗可能であるという解釈と矛盾するとまではいえない。なぜなら，配偶者短期居住権を取得した配偶者が居住建物の譲受人に対抗できることを前提としつつ，遺産分割成立前に（民法1037①［1］＊参照），あるいは配偶者短期居住権の消滅申入れから6か月経つ前に（民法1037①［2］＊参照），居住建物を第三者に売却して，第三者と配偶者の間に紛争を生じさせるようなことをすべきでないという規定であれば，行為規範としてそれなりに有意味であると解されるからである。

　もちろん，配偶者短期居住権を取得した配偶者が，居住建物の帰属を確定するための遺産分割を合理的な理由もなく長引かせているような場合（民法1037①［1］＊参照）には，居住建物の取得者が建物利用ができなかったり，それを第三者に処分しても配偶者短期居住権を対抗されることの副作用は大きく，何らかの手立てが必要であることは，いうまでもない。しかし，この問題は，対抗力を否定して解決するよりは，遺産分割手続の改善を図って解決すべき問題であるように思われる[141]。

iv　配偶者短期居住権の存続期間

　配偶者短期居住権の存続期間は，以下の2つの区分に従って決定される。

　①　居住建物について，配偶者を含む共同相続人間で遺産分割をすべき場合は，遺産分割によって居住建物の所有権の帰属が確定した日または相

141　すでに，法制審議会民法・不動産登記法部会では，遺産分割の期間制限など，遺産分割を促進するための制度改革の余地が議論されている。法制審議会民法・不動産登記法部会資料5・1-5頁参照。

続開始時から6か月が経過する日のいずれか遅い日である（民法1037①［1］
＊）。

②　前記①以外の場合は，居住建物取得者が配偶者短期居住権の消滅申
入れをした日（居住建物取得者は，前記①の場合を除き，いつでも配偶者短期居住
権の消滅の申入れをすることができる。民法1037③＊）から6か月を経過する日
である（民法1037①［2］＊）。

V　配偶者短期居住権の内容

配偶者は，居住建物の全部を無償で使用することができる。ただし，配
偶者が，居住建物の一部のみを無償で使用していた場合は，その部分につ
いてのみ無償で使用することができる（民法1037①本＊）。

配偶者短期居住権をもつ配偶者は，居住建物を従前の用法に従い，善良
な管理者の注意をもって使用する義務を負う（民法1038①＊）。また，配偶
者短期居住権をもつ配偶者が，居住建物を第三者に使用させるためには，
所有者の承諾がなければならず（民法1038②＊），無断転貸は禁止される。
配偶者がこれらの義務に違反したときは，居住建物取得者は，配偶者に対
する意思表示により，配偶者短期居住権を消滅させることができる（民法
1038③＊）。

配偶者短期居住権は，配偶者自身の居住を目的とするものであるから，
これを譲渡することはできない（民法1041＊・1032②＊）。

一方，配偶者は，配偶者居住権の場合と同様に，居住建物の修繕権をも
つ（民法1041＊・1033①＊）とともに，その通常の必要費を負担しなければ
ならない（民法1041＊・1034①＊）。その他の費用（臨時の必要費および有益費）
を支出したときは，建物所有者に償還請求できる。有益費償還請求につい
ては，建物所有者の申立てにより，裁判所に相当の期限を許与しうる（民
法1041＊，1034②＊，583②）。

配偶者が必要な修繕をしない場合は，建物所有者が修繕権をもつ（民法

1041＊，1033②＊）。他方，配偶者は，居住建物が修繕を必要とする場合で，自ら修繕をしない場合や，権利を主張する者があるときは，建物所有者がすでに知っている場合を除き，遅滞なく建物所有者に通知しなければならない（民法1041＊，1033③＊）[142]。

vi 配偶者短期居住権の消滅と原状回復

配偶者短期居住権は，配偶者の死亡（民法1041＊，597③＊），存続期間の満了（民法1037＊），居住建物の滅失・その他の事由による使用・収益不能（民法1041＊，616の2＊），建物所有者による消滅請求（民法1038③＊），配偶者が配偶者短期居住権を取得した後に配偶者居住権を取得した場合（民法1039＊），配偶者による放棄によって消滅する。

配偶者短期居住権が消滅したときは，配偶者（配偶者が死亡した場合はその相続人）[143]は居住建物の返還をしなければならない（民法1035①本＊）。ただし，配偶者が居住建物について共有持分を有する場合は，居住建物取得者は，配偶者短期居住権が消滅したことを理由としては，居住建物の返還を求めることができない（民法1040①本＊）。共有者たる配偶者は持分に応じた使用権（民法249）をもつからである。他の共有者は，配偶者（配偶者が死亡した場合にはその相続人）に対し，返還を求める理由を主張・立証しなければならないものと解される[144]。

配偶者が相続開始後に居住建物に附属させた物がある場合，居住建物の返還に際し，配偶者は附属物の収去権および収去義務（民法1040②＊，599①・②＊）を負う。また，相続開始後に居住建物に損傷が生じた場合，配偶者は目的物の原状回復義務（民法1040②＊，621＊）を負う。

142　配偶者居住権に関する，前述(2) v 参照。
143　配偶者が死亡した場合，たとえ存続期間の満了前であっても，配偶者短期居住権は当然消滅する（民法1041＊，597③＊）。しかし，それによって生じる原状回復義務などは，当該配偶者の相続人が承継する（民法896本，899）。
144　★最判昭和41年5月19日民集20巻5号947頁。

配偶者の用法義務（民法1038①＊）に反する使用・収益によって生じた損害の賠償請求権，および配偶者が支出した費用の償還請求権は，居住建物取得者が返還を受けた時から1年以内に請求しなければならない（民法1041＊，600①）。このうち，損害賠償請求権については，居住建物取得者が返還を受けた時から1年を経過するまでは，消滅時効は完成しない（民法1041＊，600②＊）。

⑷ 居住権の保護のあり方

配偶者短期居住権と配偶者居住権は，段階的に関連づけて利用することが可能であり（民法1039＊参照），それにより，相続開始時に被相続人の建物に居住していた配偶者の居住継続の利益保護の制度は前進したとみることができる。

もっとも，「居住の権利」（居住権）の確保を必要としているのは，被相続人の生存配偶者にとどまらない。むしろ，居住権の確保が最も問題になったのは，事実上の夫婦や事実上の親子の一方が死亡した場合において，相続権をもたない同居非相続人の継続的居住であった（図表Ⅲ-17）。これについては，ひとまず，居住の用に供する建物の賃借人が，相続人なしに死亡した場合において，婚姻または縁組の届出をしていないが，建物の賃借人と事実上夫婦または養親子と同様の関係にあった同居者があるときは，その同居者が建物賃借人の権利・義務を承継することを原則とした（借地借家法36①本）。この場合，建物の賃貸借関係に基づいて生じた債権・債務は，建物賃借人の権利・義務を承継した者に帰属する（借地借家法36②）。ただし，建物賃借人が相続人なしに死亡したことを同居者が知ってから1か月以内に建物賃貸人に反対の意思を表示したときは，建物賃借人の権利・義務は承継されない（借地借家法36①但）。

しかし，これらの立法による居住権の保護は，建物の権利者が死亡した

III　相続法の改正

図表 III-17　居住権論

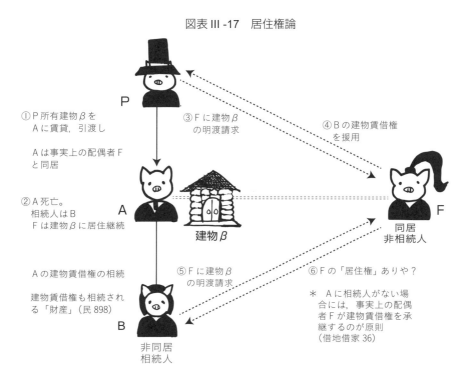

場合に，その者と同居するなどして建物の権利者に依存していた者の継続居住の利益を，相続法秩序の中で保護しようとする場合の限界も示唆している。配偶者居住権のほかに，配偶者短期居住権が必要とされた理由もこの点に関わる。また，配偶者居住権自体も，死亡によって当然消滅するなど不確定性の高い権利であるにもかかわらず，1つの財産権として遺産分割で価値評価され，その財産価値が高まることが他の遺産の分配を減少させるなど，低コストで円滑な居住利益の保護のニーズからかけ離れるおそれもある。

　これらの点も考慮に入れ，居住権の法的保護の方策について，市場取引の対象としての財産権とは異なる観点からの検討も進める必要があると考えられる。

IV 家族法の改正はどこに向かっているか

 家族法の改正はまだこれからも続くのかな？
具体的にどんな問題が残されているんだろう？
家族法は将来どんな姿になるのかな？

1 親族法分野の動向

(1) 小括

　本書で概観したように，近時の家族法改正は，少子化・高齢化・人口減少，個人の孤立や子どもの貧困といった深刻な社会問題に対応するものであるとともに，それを契機に，日本社会の新しいあり方を求めて，積極的に制度改革に動き出したものとして，注目すべきものがある。

　本書・第Ⅱ章では，親族法分野の法改正のポイントとして，主に3点を取り上げた。

　第1に，成年年齢18歳に引き下げて，婚姻年齢および選挙年齢と統一化した。こうして，新しい社会の担い手としての若年層の積極的な社会参加を促すことには，きわめて大きな意義があるものと思われる。

　第2に，特別養子縁組の対象範囲を拡大し，伝統的な家族コミュニティの殻を破って，新しい家族の形を模索する努力を力強く支援することは，後から振り返ってみると，歴史的に重要な意味をもつ制度改革への一歩であったかも知れない。

　第3に，情報技術（IT）の進展方向を見据え，かつ個人情報の保護制度の強化と連動させながら，戸籍情報の電子化と，マイナンバー，住民票，不動産登記など，他の情報システムとのネットワーク化をどのように進めるべきかを，正面から議論し，可能かつ必要な制度改革を進めることには，より積極的に向き合う姿勢が不可避であるように思われる。近時の戸籍法改正は，そうしたネットワーク化への模索が始まったことを示しているように思われる。

(2) 新たな改正動向

　さらに，親族法分野では，親子法制の見直しが始まっている。法制審議会第 184 回会議（令和元〔2019〕年 6 月 20 日）は，法務大臣から諮問 108 号を受け，「民法（親子法制）部会」を新設し，付託して審議することとした。同諮問が取り上げた問題は 2 つある。第 1 に，児童虐待が社会問題になっている現状を踏まえて，民法の懲戒権に関する規定等を見直すことである。第 2 に，いわゆる無戸籍者の問題を解消する観点から，民法の嫡出推定制度に関する規定等を見直すことである。こうした問題提起に基づいて，審議が始まっている[145]。

　第 1 の，児童虐待を防止するための懲戒権に関する規定の見直しでは，懲戒権に関する民法 822 条について検討されている。同条は現在，「親権を行う者は，第 820 条の規定による監護及び教育に必要な範囲内でその子を懲戒することができる」としている。下線部分は，民法等の一部を改正する法律（平成 23 年 6 月 3 日法律 61 号）によって加えられたものである。この平成 23 年民法改正は，児童虐待の防止等を図り，児童の権利・利益を擁護すべく，懲戒権が児童虐待の口実に使われることがあるとの指摘に鑑み，子を懲戒場に入れる場合についての改正前民法 822 条 2 項を削除するとともに，改正前民法 822 条 1 項（改正後 822 条）についても，前記下線部を付加する改正をしたものである。と同時に，平成 23 年改正民法は，民法 820 条についても，「親権を行う者は，子の利益のために子の監護及び教育をする権利を有し，義務を負う」とし，下線部を付加する改正をした。そして，今，この民法 822 条が，その削除の是非も含めて，再度議論されている。

　その背景事情として，一方では，国連・子どもの権利委員会による日本についての第 4 回・第 5 回統合定期報告書に関する総括所見（2019 年 2 月

145　法制審議会民法（親子法制）部会第 1 回会議（令和元〔2019〕年 7 月 29 日）。

採択）では，「家庭，代替的養護および保育の現場ならびに刑事施設を含むあらゆる場面におけるあらゆる体罰を，いかに軽いものであっても，法律において明示的かつ全面的に禁止すること」が指摘された。

　他方では，「児童虐待防止対策の強化を図るための児童福祉法等の一部を改正する法律」が成立し（令和元年 6 月 19 日），親権者による体罰の禁止が立法化された。これに伴い，民法 822 条の規定のあり方について検討を加え，必要な措置を講ずることが定められた（同法附則 7 条 5 項）。

　これもまた，家族コミュニティと個人の自由の接点に関する問題であり，国内外の動向を踏まえて，再検討が求められている。

　第 2 の，無戸籍者問題に対応するための嫡出推定制度の見直しは，嫡出推定に関する民法 772 条・777 条に関わるものである。無戸籍者問題とは，子の出生届をしなければならないにもかかわらず[146]，出生届をしないために，その子についての戸籍が作成されず，社会生活上の不利益を生じさせているものである。この出生届を出さない理由の中で多いとされるのが，嫡出推定制度である。民法 772 条 2 項は，「婚姻の成立の日から 200 日を経過した後又は婚姻の解消若しくは取消しの日から 300 日以内に生まれた子は，婚姻中に懐胎したものと推定する」と規定し，民法 777 条は，「嫡出否認の訴えは，夫が子の出生を知った時から 1 年以内に提起しなければならない」としている。しかし，夫以外の男性との間にできた子を出産した女性が，この嫡出推定制度の適用の結果，その子が夫の子として取り扱われることを回避するために，出生届を出さないことが少なくないとされ，その結果，無戸籍者を発生させる原因になっているとの指摘がある。

　こうした親子をめぐる問題に対応するための法改正の余地の検討が，親族法分野の課題として浮上している。

146　子が出生したときは，14 日以内（国外で出生があったときは 3 か月以内）に戸籍法の規定（戸籍法 49 ～ 56。棄児の場合は 57 ～ 59）に従って届出なければならず，正当な理由なしに期間内に届出をしないときは，5 万円以下の過料の制裁が定められている（戸籍法 135）。

Ⅳ　家族法の改正はどこに向かっているか

2　相続法分野の動向

⑴　小括

　本書・第Ⅲ章では，近時の相続法改正について，4つの柱を中心に検討した。

　第1に，遺言制度に関する改正であり，自筆証書遺言の自書要件の緩和および法務局での遺言書保管制度の創設による遺言利用の促進，遺言執行者の権利・義務の明確化による遺言の確実な執行の促進，遺留分減殺請求権を遺留分侵害額請求権とすることを通じての遺言自由の効力強化と，遺言者の意思を尊重する傾向が見出された。

　第2に，その一方で，法定相続分を超える財産の移転には，対抗要件の具備を求め，債務の承継に関しても，法定相続分での承継に対する相続債権者の期待を保護する傾向がみられた。これは，第1の遺言自由の強化とは異なる方向性をもつ改正であるかにもみえるが，遺言の自由を制度的に安定的なものとする手段とみることが適切である。そのために，一方では，相続登記の促進が，他方では，相続による権利・義務の変動に対する相続人以外の第三者の信頼保護の確保が図られている。

　第3に，公平かつ円滑な遺産分割の促進であり，一定範囲の預貯金債権の単独行使の許容，一部分割の許容，遺産分割前の財産処分があった場合の公平性の確保，特別寄与者制度の創設による公平性の促進が注目された。

　第4に，被相続人が権利をもつ建物に居住していた配偶者の継続居住の利益確保の方策として，配偶者居住権と配偶者短期居住権のそれぞれの特色と関連性についても確認した。

　以上の概観からは，被相続人の個人の意思と自由を尊重する意思主義の進展を基調としつつ，相続による権利・義務の承継に対する，被相続人や

共同相続人以外の第三者の信頼保護，遺産分割の柔軟で円滑な促進による共同相続人やその他の親族の間の実質的な公平の追求，親子関係が変容する中での生存配偶者の利益保護が図られていることが注目された。

(2) 新たな改正動向

相続法の関連では，法律婚（特に配偶者）の保護を中心に展開された平成30年7月改正法が残した問題として，一方では配偶者の相続分のあり方が，他方では法律婚以外のパートナーが死亡した場合における財産承継のあり方がある[147]。また，やはり人口減少や高齢化に起因しつつ，深刻化しているといわれる所有者不明土地問題への対応策とも関連して，主として，相続登記の申請の義務化，および遺産分割の促進の2つが議論になっている[148]。

第1の，相続登記の義務化の議論は，所有者不明土地が発生する主な原因として，土地所有者が死亡しても相続登記がされないことにあるとの認識を契機とするものである。例えば，平成28年度に地籍調査を実施した563市区町村1130地区62万2608筆の土地のうち，不動産登記簿によっては所有者等の所在が確認できない土地が20.1％あり，そのうち相続による所有権移転登記がされていないものが66.7％であったと報告されている。

そこで，相続による所有者不明土地の発生を予防するためにも，不動産登記情報の更新を図る方策を講じる必要があるとされ，その一環として，相続登記の申請の義務化が議論の俎上に上っている。

現行民法・不動産登記法では，権利の登記は義務とはされておらず，任意であり，相続登記も申請するかどうかは相続人の判断に委ねられている。

147　窪田 2019b: 71-73 頁，潮見 2019: 14 頁，26 頁。
148　法制審（民不）部資1・1-4頁。統計につき，土地白書（平成30年版）114頁参照。

その結果，被相続人が死亡して相続が開始し，相続による所有権移転が生じても，相続登記がされない状態が続き，さらに相続人が死亡して2次相続，3次相続と相続未登記状態が放置されると，1筆の土地について登記すべき所有者の数が増大し，ますます登記のインセンティブが欠けるという悪循環を生じている。こうした状況が続き，事態が深刻化する中で，相続の発生を適時に登記に反映させるための方策として，相続登記の申請を相続人に義務づけることの是非とその方法が議論されている。

　一方では，相続登記の義務の履行にインセンティブを付与する方法である。例えば，相続開始後一定期間に限り，相続登記手続における申請人の負担軽減を図ることが検討されている。

　他方では，義務違反者にサンクションを賦課する方法である。例えば，一定額の過料を課すなどである。

　もっとも，この問題は，相続以外の原因による登記申請の義務化とのバランスも考慮して検討する必要がある。

　また，相続人からの相続登記の申請がなくとも，登記所が他の公的機関から死亡情報などを取得し，自ら不動産登記情報の更新を図る方策についても検討されている。これは，本書のⅡ章5節で検討した，戸籍情報の取得の円滑化とも関わる問題であり，そこでの法改正のさらなる展開として注目される。

　第2の遺産分割の促進に関しては，被相続人が死亡しても，遺産分割がされずに放置されていることが，相続登記が円滑にされない遠因であるとみて，現行法にはないものの，遺産分割を実施することができる期間に制限を設けるなどして，遺産分割を促進することの是非，遺産分割に期間制限を設けるとした場合の適切な期間，期間を経過した場合の効果について，検討がされている。

3　将来の家族法改正の課題

(1)　夫婦の氏について

　さらに，現在まだ改正に向けた議論は具体的していないものの，将来の検討対象となりうる課題も少なくない。

　1つは，かねてから議論が続いている（選択的）夫婦別氏制度についてである。

　かつて，平成 8 年要綱は，つぎのように提案した[149]。

第 3　夫婦の氏
1　夫婦は，婚姻の際に定めるところに従い，夫若しくは妻の氏を称し，又は各自の婚姻前の氏を称するものとする。
2　夫婦が各自の婚姻前の氏を称する旨の定めをするときは，夫婦は，婚姻の際に，夫又は妻の氏を子が称する氏として定めなければならないものとする。

　この問題については議論が続いている。夫婦同氏を定める民法 750 条が憲法 13 条・14 条 1 項・24 条に違反するとの主張に対し，最高裁は平成 27（2015）年の大法廷判決で，民法 750 条を合憲とした 1 審・2 審の判断を認容した[150]。その際，氏に関する民法規定は，夫婦とその間の未婚の子や養親子が同一の氏を称するとすることにより，「社会の構成要素である家族の呼称」としての理解を示しており，「家族は社会の自然かつ基礎的な集団単位」であるから，「個人の呼称の一部である氏をその個人の属する集団を想起させるものとして一つに定めることにも合理性がある」

149　なお，子の氏およびその変更につき，平成 8 年要綱・第 4 も参照。
150　★最大判平成 27 年 12 月 16 日民集 69 巻 8 号 2586 頁。

139

とした（法廷意見）[151]。近時では，結婚後もそれぞれの姓を名乗り続ける「選択的夫婦別姓」を認めない戸籍法の規定が，法の下の平等を定めた憲法に反し，戸籍法の不備によって精神的苦痛を被ったことを理由とする国家賠償請求は棄却された[152]。

　非嫡出子の相続分を嫡出子の2分の1とする民法900条4号の規定は，最高裁の平成25（2013）年9月の大法廷決定[153]を経て，民法改正（平成25年12月11日法律94号）が行われて削除され，嫡出でない子の相続分も嫡出子と同等とされた。今後，個人主義の緩やかな進展に伴い，世論の変化とともに，夫婦の氏についても制度変化が生じるかどうか，注目される。

(2) 同性婚について

　もう1つの論点は，同性婚をめぐる議論である。同性婚は，婚姻の面では親族法の領域に属するが，相続の面では相続法にも関わり，家族法の両法領域にまたがる問題である。そして，同性婚の法的保護の問題は，婚姻家族の多様化に象徴される家族関係の変容の中で[154]，その最前線に位置する問題であるともいえる[155]。

　オランダ（2001年），ベルギー（2003年）はじめ，約30か国で同性婚法が成立している中[156]，アジアでは台湾が，2017年5月24日，司法院大法官が748号解釈を示し，台湾民法第4編第2章の婚姻に関する規定が同性カップルの婚姻を認めていないことが，台湾憲法22条が保障する婚

151　ただし，現時点では憲法24条に反するとの4裁判官の意見，1裁判官の反対意見がある。
152　★東京地判平成31年3月25日 LEX/DB 文献番号25562555。戸籍法の不備によって精神的苦痛を受けたとし，原告4人が国に対し，各自慰謝料50万円・弁護士費用5万円（合計220万円）の損害賠償を請求したが，棄却。
153　★最大決平成25年9月4日民集67巻6号1320頁。
154　瀬川信久「コメント」中田編2010・193頁。
155　山下純司「婚姻外カップルの関係」中田編2010・151-171頁。
156　NPO法人EMA日本によれば，2019年5月現在，27か国で同性婚法が成立し，施行されている（http://emajapan.org/promssm/world）。

140

姻の自由，同 7 条が定める法の平等に違反すると宣告した。そして，同748 号解釈の公布日から 2 年以内に同解釈に基づいて関係法律を改正または制定するように命じた。そして，その期限内に対応がされないときは，同性カップルが 2 人以上の証人をもって戸籍行政機関に結婚登録ができるものとした[157]。

その後，2019 年 5 月 17 日，同性カップルの結婚を立法化する「司法院釈字第 748 号解釈施行法」（同性愛者婚姻法）を制定し，先の 748 号解釈公布から 2 年後の同年 5 月 24 日施行した。これは，民法改正の方法をとらず，民法とは別個の特別法を制定する形式をとったものである。台湾では，異性婚の場合は男性 18 歳・女性 16 歳であるが（民法 980），同性婚の場合，男女ともに 18 歳とされた（同性愛者婚姻法 3 ①）。一方，同性婚姻者の相続権については，同性婚姻者同士にも民法相続編の相続人としての配偶者の規定を準用し（同法 23），異性婚の相続と同様の権利を認めた[158]。

台湾では，同性愛者が人口の約 4% とされているが，制度変化の背景には，長年にわたる違憲訴訟，社会運動，現在の与党・民進党が長年同性婚を支持してきたという政治的背景が指摘されている[159]。

日本では，2015 年，同性カップルにパートナーシップの認定をする制度が，東京都渋谷区と新宿区で始まり[160]，2019 年 7 月現在，全国 20 の自治体に拡大している。また，令和元（2019）年 6 月 3 日，同性婚を認める婚姻平等法案が立憲民主党，共産党，社民党によって衆議院に提出された。同性婚をめぐる議論と制度変化の動向も，いずれ家族法の課題となることが予想される。もっとも，この問題は，親族法と相続法にまたがって，家族法の多くの問題に関わることから，伝統ルールとの相克も最も緊張度の高いものになるものと思われる。

---

157 蔡 2017: 1 頁。
158 蔡 2019: 1-6 頁。
159 蔡 2019: 1 頁。
160 二宮 2019: 33-35 頁。

4 家族法における個人主義の実現

　家族法は，あたかも社会のルールの縮図のように，社会の変容に敏感に反応してきたように思われる。そして，近時は，家族的結合の多様化と法律婚の相対化が進んでいることが，注目されている[161]。こうした制度変化の底流にあるトレンドは，グローバル化が浸透する中で，ますます進展する個人主義化（individualization）である。それは，究極的な価値判断の基準を個人の意思の尊重に置く立場である。それは，利己主義とは異なり，生活上遭遇する様々な事件に対し，可能な限り自分で選択できるようにすることをその中核的な意味とするものである[162]。

　真の個人主義は，一方では，出自などによる人間の自然的属性をあえて捨象し，個々人に独立と平等と自由を認めようとする社会としての「市民社会」を前提とする。それは，人々が権力関係や身分関係から独立し，平等な存在として，自由な合意によって人間関係を形成してゆくことのできる社会である。

　しかし，他方では，個人主義は，人間として生きてゆくために主体的に参加する様々なコミュニティ，すなわち，家族，部落，自治会，企業，NPO／NGO，地方公共団体，延いては国家の意義を否定するものではないことにも留意する必要がある[163]。むしろ，そうした多様で，かつ重層的なコミュニティの中で，個々人が人格を実現することを可能にするのが，真の個人主義といえるであろう。その際，個々人は，つねに何らかのコミュニティのコンテクストに置かれた具体的個人として，存在する。

　そのような様々なレベルのコミュニティからなる市民社会の中核ルールをなすのが家族法であり，そのような存在として成熟する方向にへと，家

161　吉田 2018: 913 頁。
162　二宮 2002: 30 頁参照。
163　松尾 2016: 220-222 頁。

族法改正を促すべきであろうし，また，進んでゆくであろう。その際には，家族法の制度変化を読み解く鍵となる視点として，個人をコミュニティの拘束から解放する自由と，コミュニティが提供する安心とが常にトレード・オフにある中で，真の個人主義としての調和点が探求されていることを理解する必要がある[164]。

　本書で検討した，昨年平成30（2018）年から今年令和元（2019）年にかけて行われた親族法・相続法の改正にも，成年年齢の引下げによる親権からの早期解放と特別養子縁組の促進による新しい家族コミュニティの創出，遺言の自由の強化と法定相続主義を基準にした関係者の利益保護など，一見矛盾するかに見えた法改正の波は，いずれも自由と安心の調和点ないし安定した自由の制度的確保を探る中で真の個人主義を追求する試みであると理解することができる。

164　バウマン／奥井訳 2017: 12-13 頁，33-34 頁参照。

事項索引

ア行

遺言執行者　49, 78
遺言書の保管　44
遺産の一部分割　96
遺産分割　72
　　——方法の指定　75
遺贈　72
　　——義務者　47
遺留分
　　——減殺請求権　56
　　——権利者　58
　　——侵害額　58
　　——侵害額請求権　57
　　——を算定するための財産の価額　60
飲酒　19, 22

カ行

価額弁償　57
家族コミュニティ　10, 34
仮分割の仮処分　94
喫煙　19, 22
居住権　129
寄与分　99
具体的相続分　61
契約年齢　17
公職選挙法　16
公正証書遺言　43
高齢化　7, 41
国民投票の投票権　15

個人主義　140, 142
　　——化　13
個人の自由　7, 10
戸籍情報　36
戸籍データ　37
戸籍謄本　36
コミュニティ　142
娯楽　22
婚姻開始年齢　13, 24
再婚禁止期間　13

サ行

自己決定　10, 16, 21
自書　43
市場ルール　9
実父母の同意　31
児童虐待　134
児童相談所長　31
児童の権利に関する条約　9, 34
自筆証書遺言　43
事務管理　100
受遺者　62
受益相続人　77
受贈者　62
準委任契約　100
準婚姻家族　28
少子化　7
使用貸借　109
所有者不明土地　137
親権離脱年齢　17

人口減少　　7
成年擬制　　25
成年年齢　　15
性別の取扱いの変更の審判　　20
選挙権年齢　　16
相続債権者　　81
「相続させる」旨の遺言　　75
相続人の債権者　　56
相続分の指定　　68, 74, 80
相続放棄　　79
訴訟事件化　　7

タ行

対抗要件　　69
　　──主義　　77
代償金支払義務　　95
代償金請求権　　92
嫡出推定制度　　135
懲戒権　　134
当事者主義　　7
同性婚　　140
特定財産承継遺言　　51, 68, 78
特別寄与者　　99
特別受益　　61
　　──の持戻し　　105
　　──の持戻し免除　　106
　　──の持戻し免除の意思表示　　113
特別養子縁組　　27

ハ行

配偶者居住権　　111
配偶者短期居住権　　120

非訟事件　　7
被相続人の債権者　　56, 80
夫婦別氏制　　13, 139
不当利得　　100
平成 8 年要綱　　13, 24
法定相続　　70
　　──主義　　43
法定相続情報証明制度　　92
法定相続分　　70
法務局　　44

マ行

マイナンバー　　37
みなし相続財産　　61
　　──の額　　106
無戸籍者　　134
面会・交流　　9, 14

ヤ・ワ行

養親年齢　　17, 21
預貯金債権　　52, 87
わらの上からの養子　　28

改正条文索引

民法

4 条（成年）………………………… 15, 17

731 条（婚姻適齢）……………… 13, 24

733 条（再婚禁止期間）…………… 13

746 条（再婚禁止期間内にした婚姻の取消し）………………………… 13

766 条（離婚後の子の監護に関する事項の定め等）…………………… 14

792 条（養親となる者の年齢）……… 17

804 条（養親が 20 歳未満の者である場合の縁組の取消し）……………… 22

817 条の 5（養子となる者の年齢）…… 30

899 条の 2（共同相続における権利の承継の対抗要件）………… 51, 52, 69-71, 74, 76-80, 84, 85

900 条（法定相続分）……………… 14

902 条の 2（相続分の指定がある場合の債権者の権利の行使）
……………………… 80-83, 86

903 条（特別受益者の相続分）
……………… 58, 59, 106-108, 113

906 条の 2（遺産の分割前に遺産に属する財産が処分された場合の遺産の範囲）……………… 89, 92, 95, 96

907 条（遺産の分割の協議又は審判等）
……………… 89, 92, 97, 98

909 条の 2（遺産の分割前における預貯金債権の行使）………… 89, 92, 93, 95

968 条（自筆証書遺言）………… 43, 44

998 条（遺贈義務者の引渡義務）
……………………… 47, 48

1007 条（遺言執行者の任務の開始）… 49

1012 条（遺言執行者の権利義務）
………………………… 50

1013 条（遺言の執行の妨害行為の禁止）
……………… 54, 56, 80, 84

1014 条（特定財産に関する遺言の執行）
……………… 51, 52, 75, 78

1015 条（遺言執行者の行為の効果）
……………… 50, 53

1016 条（遺言執行者の復任権）……… 53

1025 条（撤回された遺言の効力）…… 44

1028 条（配偶者居住権）… 108, 111-118

1029 条（審判による配偶者居住権の取得）………………… 113, 115

1030 条（配偶者居住権の存続期間）
……………… 117, 119

1031 条（配偶者居住権の登記等）
……………… 116, 117

1032 条（配偶者による使用及び収益）
………………… 111, 118-120, 127

1033 条（居住建物の修繕等）
……………… 119, 127, 128

1034 条（居住建物の費用の負担）
……………… 119, 127

1035 条（居住建物の返還等）… 120, 128

1036 条（使用貸借及び賃貸借の規定の準用）……… 111, 118-120

1037 条（配偶者短期居住権）
……………… 121, 124-128

1038 条（配偶者による使用）… 127-129

1039 条（配偶者居住権の取得による配偶

147

者短期居住権の消滅）… 124, 128, 129

1040 条（居住建物の返還等）……… 128

1041 条（使用貸借等の規定の準用）
………………………………… 127-129

1042 条（遺留分の帰属及びその割合）
………………………………………… 59

1043 条（遺留分を算定するための財産の
価額）………………………… 59, 60

1044 条 ……………………………… 60

1045 条 ……………………………… 61

1046 条（遺留分侵害額の請求）…………
……………… 57, 58, 61, 62, 66, 68, 107

1047 条（受遺者又は受贈者の負担額）
………………… 57, 62, 63, 66, 68

1050 条〔特別の寄与〕
………………… 100-102, 104, 105

戸籍法

120 条の 2 ……………………………… 37

児童福祉法

1 条 ………………………………… 35

3 条の 2 …………………………… 35

3 条の 3 …………………………… 35

11 条 ……………………………… 35

33 条の 6 の 2………………………… 32

33 条の 6 の 3………………………… 32

不動産登記法

3 条 ………………………………… 117

81 条の 2………………………… 117, 119

家事事件手続法

164 条 ……………………… 31, 33, 34

164 条の 2 ……………………… 31-34

200 条 ……………………………… 94

216 条 ……………………………… 57

216 条の 2 〜 216 条の 5 …………… 105

松尾　弘（まつお ひろし）

慶應義塾大学大学院法務研究科教授。
1962年長野県生まれ。慶應義塾大学法学部卒業。一橋大学大学院法学研究科博士後期課程
単位取得。横浜市立大学商学部助教授，横浜国立大学大学院国際社会科学研究科教授を経て，
現職。この間，シドニー大学客員教授，オックスフォード大学客員研究員，社会資本整備審
議会（住宅宅地分科会）臨時委員，国土審議会（土地政策分科会）委員，法制審議会（民法・
不動産登記法部会）幹事，公認会計士試験委員（民法），国際協力機構（JICA）法整備支援委
員会委員，国際協力銀行（JBIC）環境社会配慮ガイドライン担当審査役などを務める。
主要著作に，ヘルムート・コーイング『法解釈学入門』（訳，慶應義塾大学出版会，2016），ジョ
セフ・ラズ『法体系の概念―法体系論序説（第2版）』（訳，慶應義塾大学出版会，2011），『民
法の体系―市民法の基礎（第6版）』（慶應義塾大学出版会，2016），『民法改正を読む―改正
論から学ぶ民法』（慶應義塾大学出版会，2012），『債権法改正を読む―改正論から学ぶ新民法』
（慶應義塾大学出版会，2017），『良い統治と法の支配―開発法学の挑戦』（日本評論社，2009），
『開発法学の基礎理論―良い統治のための法律学』（勁草書房，2012），『発展するアジアの政治・
経済・法―法は政治・経済のために何ができるか』（日本評論社，2016），『財産権保障と損失
補償の法理』（大成出版社，2011），『基本事例から考える損失補償法』（大成出版社，2015），『物
権・担保物権法（第2版）』（共著，弘文堂，2008），『新ハイブリッド民法3 債権総論』（共著，
法律文化社，2018）ほか。

家族法改正を読む
──親族・相続法改正のポイントとトレンド

2019年9月30日　初版第1刷発行

著　者━━━━松尾 弘
発行者━━━━依田俊之
発行所━━━━慶應義塾大学出版会株式会社
　　　　　　　〒108-8346　東京都港区三田2-19-30
　　　　　　　ＴＥＬ〔編集部〕03-3451-0931
　　　　　　　　　　〔営業部〕03-3451-3584〈ご注文〉
　　　　　　　　　　〔　〃　〕03-3451-6926
　　　　　　　ＦＡＸ〔営業部〕03-3451-3122
　　　　　　　振替 00190-8-155497
　　　　　　　http://www.keio-up.co.jp/
装　丁━━━━辻聡
イラスト━━━━TOMY
組　版━━━━株式会社キャップス
印刷・製本━━中央精版印刷株式会社
カバー印刷━━株式会社太平印刷社

©2019 Hiroshi Matsuo
Printed in Japan ISBN978-4-7664-2629-8

慶應義塾大学出版会

民法改正を読む
―― 改正論から学ぶ民法

松尾 弘 著　まず学ぶべき、改正論の原点！　改正議論を通じて民法全体を学び直し、さらに1ランク上の実力を身につける。現行民法と民法改正論とを比較しながら、民法改正の動向を読み解く鍵となる視点を明快に提示する。
◎2,400円

債権法改正を読む
―― 改正論から学ぶ新民法

松尾 弘 著　債権法改正により「何がどう」変わったのか？　形式的な文言の修正・補充から、規定の実質的変更や創設など、新債権法の改正点・改正趣旨をその過程から解き明かし、新民法への変化の理由、その内容を流れから理解できる決定版。
◎2,700円

民法の体系 ［第6版］

松尾 弘 著　新債権法に完全対応。民法総則から家族法まで、必要となる民法の全領域の知識・主要学説・主要判例をこの1冊でカバーする民法テキストの第6版。各種試験に必携の基本書。
◎5,200円

表示価格は刊行時の本体価格（税別）です。